Pirc

Abhyanga:
Die Ölbehandlungen des Ayurveda für zu Hause

Dr. Karin Pirc

Abhyanga:

Die Ölbehandlungen des Ayurveda für zu Hause

- Mit allen Sinnen genießen
- Gesünder und schöner werden
- Krankheiten vorbeugen

Haug

Bibliografische Information der Deutschen Bibliothek
Die Deutsche Bibliothek verzeichnet diese Publikation in der Deutschen Nationalbibliografie; detaillierte bibliografische Daten sind im Internet über http://dnb.ddb.de abrufbar

Die Ratschläge und Empfehlungen dieses Buches wurden von Autor und Verlag nach bestem Wissen und Gewissen erarbeitet und sorgfältig geprüft. Dennoch kann eine Garantie nicht übernommen werden. Eine Haftung des Autors, des Verlages oder seiner Beauftragten für Personen-, Sach- oder Vermögensschäden ist ausgeschlossen.

Programmplanung: Dr. Elvira Weißmann-Orzlowski
Bearbeitung: Barbara Imgrund
Umschlagfotos: Mauritius (vorn), IFA (hinten); Fotos Innenteil: Maharishi-Ayurveda-Klinik, 56130 Bad Ems: S. 88, 108, 126, 139, 144; Norbert Reismann: S. 91; alle übrigen:MEV-Verlag, Augsburg; creativ coll. Verlag, Freiburg; Photdisc, Seattle; Corel Stock, Ottawa
Illustrationen: Sabine Seifert · Satz/Grafik/Lektorat
Umschlaggestaltung: Cyclus · Visuelle Kommunikation, Stuttgart
Satz: Sabine Seifert · Satz/Grafik/Lektorat
Druck und Verarbeitung: Westermann Druck Zwickau GmbH

ISBN 3-8304-2117-6 1 2 3 4 5

Gesundheit und Veda

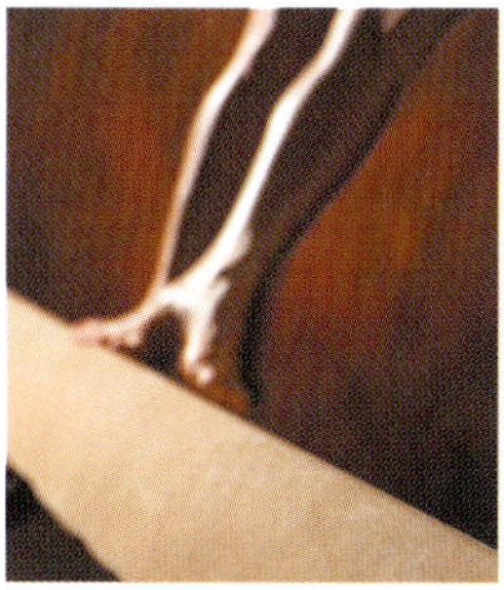

Praktisches Grundlagenwissen

Ganzheitliche Wirkungsweise

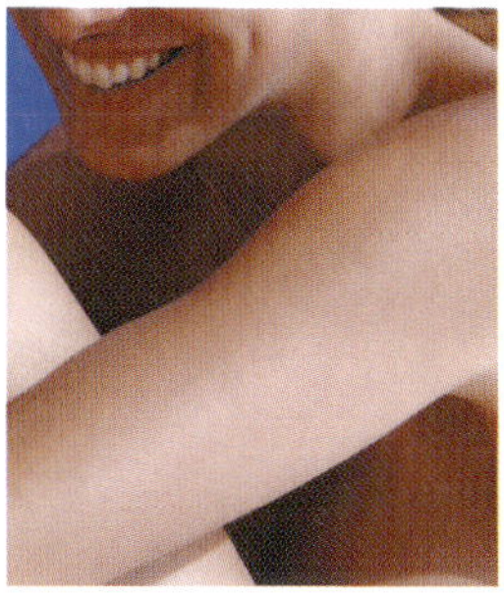

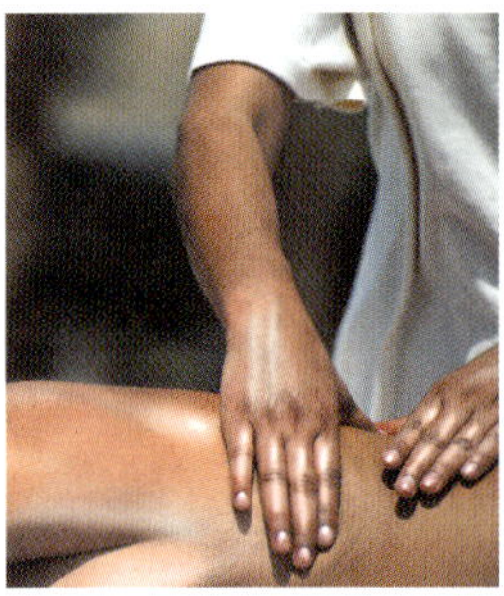

Die Besonderheiten des Abhyangas

Das richtige Öl für jeden Typ

Die Durchführung

Anzeigen und Gegenanzeigen

Die positiven Wirkungen des Abhyangas verstärken

Aus der Praxis

Vorwort

Das älteste umfassende Gesundheitssystem der Welt, der Maharishi-Ayurveda, nutzt Behandlungen mit streichenden Bewegungen in höchst systematischer Weise und verzeichnet überraschende Heilerfolge.

Die besten Ergebnisse lassen sich damit erzielen, wenn die Eigenbehandlung nicht nur auf die individuelle Verfassung, den persönlichen Stoffwechsel und die augenblicklichen Lebensumstände abgestimmt wird, sondern auch gleichermaßen die Störeinflüsse verschiedener Jahreszeiten und Lebensalter Berücksichtigung finden. Die in diesem Buch vorgestellten Anwendungen verjüngen, bewirken eine wunderbar sanfte Haut, eine gute Ausstrahlung sowie geschmeidige Bewegungen und erhöhen die Lebensfreude. Sie helfen, Stoffwechselabbauprodukte und Umweltgifte aus dem Organismus zu entfernen und sind daher gerade für den modernen Menschen von unschätzbarem Wert. Darüber hinaus gleichen sie uns in unserer Gesamtheit aus. Sie entspannen und sorgen für das „dicke Fell", das uns in unserer schnelllebigen Zeit nur allzu leicht abhanden kommt.

Regelmäßige Ölbehandlungen helfen dabei, den Körper nach und nach gesünder und empfindsamer zu machen und schaffen so gleichzeitig eine Grundlage für die Entfaltung der Persönlichkeit und des Bewusstseins. Probieren auch Sie es doch einmal aus!

Eine Kunst mit langer Tradition

Einölen

Naturverbundene Menschen wie die Eskimos schützen sich heute noch mit einer Schicht Lebertran vor extremer äußerer Kälte. Und auch von den alten Griechen und Römern wissen wir, dass sie die stärkende Wirkung der Ganzkörperölung zu schätzen wussten. Sie ölten sich vor sportlichen Wettkämpfen und kriegerischen Auseinandersetzungen nicht weniger als vor einer wichtigen öffentlichen Rede.

Das Wissen darum, wie man die körperliche und geistige Verfassung durch Salben und Einölen verbessern kann, gehört ganz sicher zu den ältesten natürlichen Heilmethoden der Menschheit. Denn so wie jeder Vogel täglich sein Gefieder fettet, um gegen Wind und Wetter gewappnet zu sein, wie jedes Säugetier sein Haarkleid durch einen hohen Fettgehalt schützt und pflegt, kann auch das Ölen der Haut den Menschen positiv beeinflussen.

Obwohl die Kunst der Ölanwendung in vielen Völkern und Kulturen zum Allgemeinwissen gehörte, blieb ihr wahrer Sinn und ihre tiefere Bedeutung ein wohl gehütetes Geheimnis, das mithilfe des Wissens aus der vedischen Literatur in diesem Buch gelüftet werden soll.

Die positiven Wirkungen des Einölens, die Sie in diesem Buch kennen lernen werden, sind untrennbar mit dem Berühren der Haut verbunden. Eine Mutter, die beispielsweise ihr Kind streichelt, beruhigt und heilt ganz instinktiv das ihr anvertraute kleine Wesen. Die Berührung zwischen Liebenden oder zwischen freundlich gesinnten Menschen aller Kulturen legt ein beredtes Zeugnis von der wohltuenden Wirkung der Hände ab – sie ist Balsam für Körper und Geist. Das Geheimnis sanfter Hände ist – richtig eingesetzt – noch sehr viel umfassender und tiefer, als es uns im täglichen Leben meist bewusst ist.

Gut zu wissen

Die Wirkungen des Ölens

In unserem Sprachschatz klingen noch heute die positiven Wirkungen des Ölens auf die geistige Verfassung an. Sprechen wir von einem „Gesalbten“, so drücken wir damit Ehrfurcht und Hochachtung aus: Denn auch Könige wurden bei der Krönung gesalbt. Wer früher eine salbungsvolle Rede lobte, unterstrich damit die Redegewandtheit des Sprechers und die Wahl edler Worte. Und auch das altgriechische Wort *christos* bedeutet „der Gesalbte“.

Aus den Überlieferungen vieler alter Kulturen wissen wir, dass die Menschen schon vor Jahrtausenden die positiven Wirkungen von Ölbehandlungen zu schätzen wussten.

Die Ayurveda-Ärzte setzten von alters her die wohltätigen Wirkungen von Streichbehandlungen mit Heilkräuterölen zur Vorbeugung und Heilung vielfältiger Gesundheitsstörungen und Krankheiten ein. Besonders der Abhyanga, die sanfte Ganzkörper-Ölbehandlung, ist für jeden Menschen unserer Zeit eine wertvolle Ergänzung zur täglichen Körperpflege, zur Hygiene für Körper und Geist.

Abhyanga bedeutet „mit Öl salben" und meint eine besonders sanfte, schonende und systematische Ölbehandlung des gesamten Körpers mit streichenden Bewegungen. Im Folgenden wird bewusst das Wort Abhyanga verwendet, damit Sie diese ganzheitlichen Ölanwendungen nicht mit unserer modernen Massage, die völlig andere Qualitäten hat, assoziieren.

Vedische Hochkulturen

Die Heilkunst der vedischen Hochkulturen aus dem Himalaja enthielt detaillierte Informationen über die vorbeugenden und heilenden Wirkungen von Ölanwendungen und Streichungen der Haut. Sie wurde über Jahrtausende weitergegeben und erst sehr viel später schriftlich aufgezeichnet.

Gut zu wissen

Abhyanga

Das Wort *abhyanga* stammt aus dem Sanskrit, der ältesten Sprache der Menschheit, aus der alle indogermanischen Sprachen hervorgegangen sind. Da der Begriff eine männliche Endsilbe besitzt, sprechen wir auch im Deutschen korrekterweise von *dem* Abhyanga.

Bei richtiger Durchführung ist der Abhyanga eine Wohltat für Leib und Seele. Er lässt Krankheiten nach und nach verschwinden, hilft drohenden Gesundheitsstörungen vorzubeugen sowie unsere Gefühle ins Gleichgewicht zu bringen. Ferner beruhigt und klärt er den Geist und unterstützt uns dabei, unser Bewusstsein zu erweitern.

Gesundheit und Veda

Das Wissen, das seit alters her in den Veden überliefert wird, bietet zahlreiche Verfahren an, die uns in Einklang mit unserer Umwelt bringen und unser körperliches wie geistiges Wohlbefinden wiederherstellen können.

Ein uraltes System

Wir leben in einer Zeit, in der die moderne Medizin rasante Fortschritte verzeichnet und auch viele andere Naturwissenschaften faszinierende Phänomene klären. Wo aber bleibt bei diesen unzähligen Facetten des Lebens der übergeordnete Zusammenhang?

Die Antwort mag verblüffen: Schon vor Jahrtausenden gab es Menschen, die sich mit diesen Fragen auf der Ebene ihres Bewusstseins auseinander setzten. Sie besaßen ein ganzheitliches Verständnis, das nicht nur das Leben mit seinen ordnenden Strukturen differenziert beschreibt, sondern gleichzeitig auch eine große Zahl von Verfahren anbietet, die den Menschen mit sich selbst, seinen Mitmenschen und der ihn umgebenden Umwelt in Einklang und Harmonie bringen können. Dieses Wissen wurde in Form der Veden und der vedischen Literatur überliefert und in den letzten Jahrzehnten in seiner Tiefe und Größe neu belebt, sodass die darin enthaltenen praktischen Verfahren unser körperliches und geistiges Wohlbefinden wiederherstellen und verbessern können.

Das Wort *veda* stammt – wie *abhyanga* – aus dem Sanskrit und meint „Wissen" oder „Wissenschaft". Bei näherem Hinsehen offenbart sich dieses zeitlose Wissen als eine Schatztruhe mit allgemein gültigen Weisheiten, die jedem Menschen gleich welcher Kultur ein gesundes, glückliches Leben bis ins hohe Alter bescheren können. Schwerpunkt ist dabei nicht nur, den menschlichen Körper zu vervollkommnen, sondern auch seine Bewusstseinsentwicklung zu fördern. Wie ist dies möglich?

Die Entwicklung des Bewusstseins ermöglicht ein gesundes und glückliches Leben bis ins Alter.

Die „innere“ Quelle

Zu allen Zeiten und allen Kulturen hat es Menschen gegeben, die nicht nur über objektives, äußeres Wissen verfügten, sondern den Wert inneren Wissens, der Erfahrung innerer Wahrheiten große Aufmerksamkeit schenkten. Von einer Reihe abendländischer Komponisten – so etwa von Brahms und Mozart – ist bekannt, dass sie ihre Inspirationen aus einer inneren Quelle erhielten, ihre Musik also zunächst in ihrem Innern hörten, um sie dann in Windeseile zu notieren.

INFO

Auch von Einstein und Pythagoras ist überliefert, dass einige ihrer Entdeckungen spontan aus dieser inneren Quelle auftauchten, die wir in unserem Sprachgebrauch als Ursprung von Inspiration oder Intuition bezeichnen. Wir im Westen sind geneigt, dies nur für einige außergewöhnliche Menschen für möglich zu halten.

Die vedische Wissenschaft weiß aus jahrtausendelanger Erfahrung, dass dieser innere Bereich jedem von uns zugänglich ist. Und sie beschreibt eine große Zahl verschiedener Methoden, die systematisch dazu führen, diese unbegrenzte Ebene innerhalb unseres Bewusstseins nach und nach zu entfalten.

Die Texte der vedischen Literatur verdanken wir Menschen, die über viele, viele Jahre ihres Lebens ihr Bewusstsein systematisch verfeinerten – so lange, bis dieser innere Bereich jederzeit, auch im täglichen Leben, der inneren Schau zugänglich war. Diese Menschen nennt man deshalb *Rishis*: „Seher“. Tief in ihrem Inneren erkannten sie die kosmische Intelligenz, die nicht nur die Struktur und die Funktion der Naturgesetze des Universums hervorbringt, sondern gleichzeitig auch den menschlichen Körper und Geist erschafft.

Die Rishis nahmen verschiedene Intelligenzimpulse auf dieser feinsten Bewusstseinsebene wahr. Die geistige Entwicklung dieser Meister war so vollkommen, dass sie alle Empfehlungen und Ratschläge, die dem Menschen ein gesundes, harmonisches Leben bescheren, ebenfalls auf dieser tiefsten Ebene ihres Bewusstseins wahrnehmen konnten und im Laufe ihres Lebens mit großem Erfolg zum Wohle der Menschen anwandten.

Intelligenzimpulse

Ihre Erkenntnisse rezitierten und überlieferten die Rishis in Sanskrit, der Sprache, deren Klang, Rhythmus und differenzierte Grammatik die von ihnen wahrgenommenen Intelligenzimpulse am exaktesten widerspiegelt. Der eigentliche Ursprung des Veda und der Naturgesetze ist daher das menschliche Bewusstsein.

Der Veda

INFO

Die ersten schriftlichen Aufzeichnungen der neun Ayurveda-Samhitas (samhita = *„Ganzheit“) sind etwa 2700 Jahre alt und wurden erst begonnen, als die Menschen verlernten, den Veda mit dem eigenen Bewusstsein zu erfahren.*

Veda und vedische Literatur umfassen 40 verschiedene Gebiete. Diese enthalten nicht nur das gesamte Wissen über die Naturgesetze, sondern zeigen außerdem auch für jeden einzelnen Fachbereich logisch aufeinander aufbauende Richtlinien für das tägliche Leben auf. Diese Empfehlungen helfen jedem Menschen dabei, eine ausgewogene Funktionsweise von Körper und Geist zu erlangen und zu erhalten, und gewährleisten eine optimale geistige und körperliche Entwicklung.

Neun Bereiche der vedischen Literatur gehören zum *Ayurveda,* dem „Wissen vom Leben“ oder der „Wissenschaft vom langen Leben“. Seit Jahrtausenden wurde dieses kostbare Wissen vom Meister auf den Schüler weitergegeben und teilweise auch an Universitäten gelehrt.

Im Laufe der Jahrhunderte gerieten bedeutende Teile der ursprünglichen Wahrheiten in Vergessenheit, insbesondere die innigen Beziehungen zwischen Bewusstsein und äußerem Leben. Um das gesamte Wissen zu bewahren, haben sich in den letzten 20 Jahren hervorragende Ayurveda-Ärzte und Textgelehrte Indiens auf Anregung von Maharishi Mahesh Yogi zusammengetan. In jahrelanger Entwicklungsarbeit erneuerten sie die ursprüngliche Tiefe und Größe des Ayurveda anhand der alten Texte und überprüften die überlieferten Intelligenzstrukturen des Bewusstseins anhand eigener, direkter Erfahrung. Auch *Vaidyas* (traditionelle Ayurveda-Ärzte), die ihre Heil-

Gut zu wissen

Maharishi Mahesh Yogi

Er gilt weltweit als der führende Experte im Bereich der Entfaltung und Erforschung des menschlichen Bewusstseins. Etwa sechs Millionen Menschen aus allen Ländern und Kulturen haben in den letzten 50 Jahren seine Technik der Transzendentalen Meditation erlernt. Auf seine Initiative hin wurden nicht nur der Ayurveda, sondern auch die anderen vedischen Wissenstraditionen wiederbelebt und mit modernen wissenschaftlichen Erkenntnissen verbunden.

kunst in alten Familientraditionen bis in die heutige Zeit hinein bewahrt haben, stellten erstmals ihr geheim gehaltenes Wissen zur Verfügung.

Ergänzt wird die Belebung des ursprünglichen Ayurveda durch westliche Mediziner und andere Naturwissenschaftler, die die uralten Aussagen moderner, wissenschaftlicher Prüfung unterziehen. Diese ganzheitliche Fassung des Ayurveda wird der Deutlichkeit halber Maharishi-Ayurveda genannt, denn er bezieht sich ausdrücklich auf die tiefen Weisheiten seiner Begründer, der Rishis, und würdigt außerdem den unermüdlichen Einsatz von Maharishi Mahesh Yogi, das Bewusstsein als Grundlage des Ayurveda wieder herauszustellen. Der Veda, das ursprüngliche Wissen, bekommt damit seinen ihm zustehenden Stellenwert zugewiesen.

Der Wert des Veda

„Ayurveda ohne den lebendigen Veda ist wie ein Baum ohne Wurzeln, wie eine abgeschnittene Blume. Veda liefert die fehlende Verbindung zwischen Körper und Geist.“
(Maharishi Mahesh Yogi)

Das vedische Gesundheitsprogramm

Ein ganzheitliches Vorgehen erfordert für jede vorbeugende und heilende Maßnahme auch eine ganzheitliche Betrachtungsweise aller 40 vedischen Bereiche. Dauerhafte Gesundheit ist einfach nicht möglich, wenn beispielsweise körpereigene Stoffwechselabbauprodukte nicht aus dem Körper entfernt werden, wie es der regelmäßige Abhyanga ermöglicht. Genauso wenig kann sie sich einstellen, wenn ein Mensch nicht lernt, sein Gefühlsleben auszugleichen oder die Verbindung zur eigenen inneren Intelligenz herzustellen.

Aus diesem Grund werden im vedischen Gesundheitsprogramm nicht allein der Maharishi-Ayurveda, sondern auch alle anderen vedischen Disziplinen eingesetzt. Sie balancieren an erster Stelle immer die Ganzheit des Menschen und helfen ihm dabei, die Erfahrung des Veda im eigenen Bewusstsein zu beleben. Auf dieser Grundlage heilen sie besonders erfolgreich auch spezielle Störungen.

Ganzheitliche Gesundheit für Körper und Geist

Die Erkenntnisse des Veda und der vedischen Literatur sind so umfassend und zeitlos, dass wir uns dieselben Zusammenhänge erst in diesem Jahrhundert durch wissenschaftliche Studien in verschiedenen Fachdisziplinen nach und nach erschließen.

Schon vor Jahrtausenden beschrieben die vedischen Gelehrten die heute allgemein akzeptierte physikalische Theorie über die Entstehung der Materie aus einem einheitlichen Feld aller Naturgesetze; auch ihr Wissen über die Einheit von Körper und Geist hält den aktuellsten Erkenntnissen der Medizin stand und geht sogar noch darüber hinaus. Denn sie wussten um die Kräfte des Bewusstseins und ihre Nutzung für körperliche Gesundheit, sie heilten auf dem Hintergrund von biologischen und kosmischen Rhythmen sowie dem Einfluss der Gestirne.

Gut zu wissen

Im Einklang mit der Natur

Als wichtigste Grundlage für die Gesundheit betrachteten die Rishis ein geregeltes Leben im Einklang mit den Naturgesetzen und empfahlen unter anderem die heilende Kraft verschiedener Ölbehandlungen. Sie nutzten den positiven Einfluss von Heilkräutern und natürlicher Nahrung auf den menschlichen Organismus ebenso wie die Zubereitung und Zusammenstellung von Kräutermedizin und Verjüngungselixieren.

Auch die Kräuterölanwendungen aus diesem uralten Heilsystem sind minutiös auf die verschiedenen Menschentypen und ihre Lebensumstände, auf die Anwendung in verschiedenen Lebensaltern sowie bei verschiedensten Krankheitsbildern abgestimmt.

Der Bauplan des menschlichen Körpers

Die vedischen Seher beschrieben genau, wie Materie und Substanz entstehen. Sie nannten den Urgrund der Schöpfung, aus dem sich alles entfaltet, *Samhita* („Ganzheit"). Dieser Bereich des reinen Seins, das einheitliche Feld aller Naturgesetze, wie die modernen Physiker es nennen, ist absolut still, weit jenseits der Materie. Es ist Bewusst-Sein an sich und in seiner ganzheitlichen Qualität.

Alle Materie – auch der Mensch mit seinen Zellen und Organen – ist ein lebendiger Ausdruck von Bewusstsein, das sich in Schwingung versetzt und zunehmend verdichtet.

Setzt es sich selbst in Bewegung, so verdichten sich die daraus entstehenden Schwingungsmuster immer mehr – aus feinsten Schwingungen und Feldern entstehen in systematisch aufeinander aufbauenden Schritten nach und nach subatomare Teilchen, die sich zu Atomen zusammenfinden, und daraus wiederum Moleküle, die die Bausteine der menschlichen Zellen, der Heilkräuter und Nahrungsmittel und jedem Bestandteil der Schöpfung sind. Die Moleküle verbinden sich zu Gewebestrukturen und Organen, die wir auch durch die Heilkraft der Ölanwendungen gesund erhalten und vervollkommnen wollen.

Niemand wird bezweifeln, dass der Mensch aus Substanz besteht; wir können ihn schließlich mit all unseren Sinnen wahrnehmen. Genauso unzweifelhaft ist aber auch – obwohl wir uns dessen im Alltagsleben nur selten bewusst sind –, dass sich jeder Mensch gleichzeitig aus diesem unsichtbaren und unbewegten, alles durchdringenden Feld des Bewusstseins ständig wieder aufs Neue erschafft.

Diese tiefe Wahrheit, mit der Menschen mit einem verfeinerten Bewusstsein schon von alters her vertraut waren, dämmert dem Westen erst seit wenigen Jahren: Die Materie, die uns so greifbar sicher erscheint, ist aus Sicht der Quantenphysik pure Illusion.

Der Abstand eines Elektrons vom Atomkern ist im Verhältnis genauso weit weg wie der Mond von unserer Erde. Damit besteht jeder von uns hauptsächlich aus luftleerem Raum, aus einer intelligenten Verbindung von Zwischenräumen. Überdies tauschen wir pausenlos Atome mit unserer Umgebung aus. Innerhalb von sieben Jahren findet sich nicht mehr ein einziges Atom in unserem Körper, das zuvor darin enthalten war. Trotzdem bestehen wir als unverwechselbares Individuum weiter.

Damit nun all die unzähligen Atome an ihren Platz finden und all die zigtausend Stoffwechselschritte in unserem Organismus fehlerfrei ablaufen können, bedarf es einer intelligenten Steuerung, eines zarten, aber unumstößlichen Bauplans. Mit einem Wort, es bedarf bewusster Intelligenz, die sich nach geordneten Mustern in Schwingung versetzt, weiterschwingt und dadurch einen ganzen Menschen mit all seinen unverwechselbaren Eigenschaften hervorbringt.

INFO

Im Maharishi-Ayurveda und allen anderen vedischen Disziplinen geht es darum, Antworten zu geben auf die folgenden Fragen: Wie sind die ordnenden Kräfte beschaffen, die allem in der Schöpfung zugrunde liegen? Wie kann man sie zum Wohle der Menschen einsetzen und auch selbst für ein langes und gesundes Leben nutzen?

Heilen ohne Nebenwirkungen

Immer mehr Menschen wünschen sich heutzutage, mit natürlichen Methoden gesund zu werden und zu bleiben. Sie spüren instinktiv, dass auf die Heilkräfte der Natur Verlass ist und dass der Körper selbst am besten weiß, wie er sich regeneriert, wenn man ihn dabei unterstützt. Die verblüffende Erkenntnis, dass die gesamte Schöpfung nach ganz bestimmten Intelligenzmustern oder Naturgesetzen aus dem Bewusstsein hervorgeht, zeigt uns jetzt, wie wir vorgehen müssen, wenn wir gesund werden wollen.

Setzt man das vedische Wissen zur Heilung ein, so beginnt konsequenterweise die innere Intelligenz des Körpers mitzuschwingen. Dadurch ordnen sich alle verschiedenen Bereiche im Körpergeschehen wieder in das größere Ganze ein. Man beeinflusst den Organismus also nicht mit etwas Fremdem, Unnatürlichem, das notwendigerweise Nebenwirkungen haben muss. Stattdessen heilt man ihn mit Impulsen, die seine eigene, ihm innewohnende Intelligenz lediglich beleben. So gestärkt, setzt er seine selbst organisierende Kraft automatisch dafür ein, wieder ins Gleichgewicht zu kommen.

INFO

Maharishis vedisches Gesundheitsprogramm ist frei von schädigenden Nebenwirkungen. Denn es führt den ganzen Menschen mit lebensunterstützenden, völlig natürlichen Methoden zu seiner eigenen, inneren Natur zurück.

Alle vedischen Vorgehensweisen und Heilverfahren berufen sich auf dieselben Naturgesetze, die auch den Menschen selbst erzeugen und sind daher niemals wesensfremd, sondern entsprechen unserer eigenen, inneren Natur. Das bedeutet, dass Heilverfahren niemals schmerzhaft, sondern immer ausgesprochen angenehm sein sollen, um die ordnenden Kräfte der Natur nicht zu stören, sondern zu fördern. Dieses Prinzip liegt auch dem Abhyanga zugrunde.

आयुर्वेद

„Ein Mensch wird vollkommen gesund genannt, wenn seine Doshas im Gleichgewicht sind, seine Verdauungskraft gut arbeitet, seine Körpergewebe und Ausscheidungsorgane normal funktionieren und sein Selbst, Geist und seine Sinne sich dauerhaften inneren Glücks erfreuen.“ (Sushruta-Samhita, Sutrasthanam XV, 38)

Vorbeugen ist besser als Heilen

Das vedische Gesundheitsprogramm nutzt die ordnenden Kräfte aller Bereiche des Veda und der vedischen Literatur. Ganz bewusst werden dabei nicht nur Symptome auf oberflächlichen Funktionsebenen des Körpers kuriert. Denn es kann immer nur zu unbefriedigenden Ergebnissen und niemals zu einer dauerhaften Heilung des Ganzen führen, wenn die innere Intelligenz des Körpers und seine Selbstheilungskräfte nicht systematisch mit einbezogen werden.

Das vedische Gesundheitsprogramm

Der korrekte Einsatz der vedischen Heilverfahren hilft, alle nur denkbaren Aspekte des Lebens auszugleichen, um den Menschen von seiner Basis aus gesunden zu lassen und Störfaktoren von ihm möglichst fern zu halten.

In allen vedischen Heilverfahren sind Vorbeugung und Heilung untrennbar miteinander verbunden. Denn niemand ist hundertprozentig krank – selbst kranke Menschen verfügen immer noch über große Anteile geordneter Funktionsweisen innerhalb ihres Organismus und damit über Selbstheilungsmechanismen, die sie nutzen können, um auch in den gestörten Bereichen Gesundheit wiederherzustellen.

Aber alles, was das Gleichgewicht von Körper und Geist erhalten hilft, schützt wiederum – sozusagen als Nebeneffekt – auch vor zukünftigen Störungen.

Ewig gültige Weisheiten für jeden

INFO

Die tiefe Weisheit des Veda und der vedischen Literatur bietet ein Rüstzeug, die unendliche Vielschichtigkeit des Lebens wacher und bewusster wahrzunehmen, indem es die verschiedenen Gesetzmäßigkeiten, die auf allen Ebenen der Natur immer wiederkehren, differenziert benennt und beschreibt.

Das vedische Gesundheitsprogramm ist ein wunderbar umfassendes System, das jedem Menschen die Augen dafür öffnen kann, dass er als Teil der Schöpfung in die Gesetzmäßigkeiten der Natur eingebettet ist. Seine Methoden zielen darauf ab, die vollkommene Ordnung, mit welcher die Naturgesetze arbeiten, wiederherzustellen. Denn leider schützt auch in diesem Fall Unwissenheit vor Strafe nicht: Bewusstes oder unbewusstes Verletzen der Naturgesetze bringt auf Dauer immer Probleme, Leid und schließlich Krankheit mit sich.

Je mehr Sie die Vorgänge und Veränderungen verstehen lernen, die sich in Ihrem Innern abspielen, wenn sich Gleichgewicht einstellt, desto mehr können Sie Ihren Organismus dabei unterstützen. Mit einem besseren intellektuellen Verständnis vermag sich die innere Intelligenz Ihres Körpers leichter zu organisieren. Alle Selbstheilungskräfte der Natur können dann harmonisch ineinander greifen und bei jedem Menschen nach und nach eine immer höhere Stufe körperlicher und geistiger Gesundheit erzeugen.

Lernt man diese verschiedenen Strukturen der Natur verstehen, so ist dies der erste Schritt, ganz spontan wieder mehr und mehr in Einklang mit ihnen zu leben. Das Ergebnis ist für jeden Menschen eine ganz neue Dimension an Gesundheit, innerer Freude und Lebenserfolg. Und was das Schönste ist: Sie werden sich selbst und Ihre Mitmenschen mit ganz anderen Augen sehen und verstehen.

Gesunder Körper, gesunder Geist

Gut zu wissen

Selbst, wenn Sie das natürliche Feinempfinden als Zeitgenosse unserer so genannten zivilisierten Welt gründlich verloren haben, wird Ihnen das zeitlose Wissen des Veda helfen. Immer wieder haben mir meine Patienten gezeigt, dass sie in kürzester Zeit die Fähigkeit zurückgewannen, Zusammenhänge zu sehen, die sie zuvor vielleicht nicht bewusst beachtet und bewertet haben. Genau wie sie werden auch Sie erkennen, dass es eine große Zahl verschiedener Facetten gibt, deren ideales Zusammenspiel dafür sorgt, dass Sie sich in unserer hektischen, schnelllebigen Zeit gesund erhalten können.
Doch damit nicht genug: Körper und Geist werden als eine untrennbare Einheit angesehen, die mit sanften Methoden in ein Gleichgewicht gebracht werden kann. Das Ergebnis ist daher ein gesunder, vitaler und lebendiger Körper sowie ein kraftvoller, optimistischer Geist, der Freude und Fröhlichkeit ausstrahlt und Liebe für seine Mitmenschen und alle Geschöpfe auf diesem Planeten empfinden kann.

Die Ganzheit schwingt

Der Veda beginnt mit drei feinsten „Bewegungen" im Bereich des grenzenlosen, allumfassenden Bewusstseins. Ein Mensch, der diese Ebene innerhalb seines Bewusstseins entweder spontan oder mithilfe der vedischen Bewusstseinstechniken wahrnimmt, fühlt sich in höchstem Maße wach und lebendig und dabei doch sehr still, da die groben Bewegungen innerhalb seiner Gedanken zur Ruhe gekommen sind. Stattdessen nimmt er die Struktur seines eigenen Bewusstseins und die der gesamten Schöpfung präzise wahr. Ganz spontan spürt er, dass er selbst in dieser Stille vorhanden ist und sich wahrnimmt. Dieses Gewahrsein seiner selbst heißt im Sanskrit *Rishi*, also „Seher", „Zeuge" oder „stiller Beobachter".

Aber der Seher existiert nicht nur einfach innerhalb der Stille, sondern beobachtet gleichzeitig sich selbst. Diese zarte Dynamik des Beobachtens innerhalb des eigenen, stillen Bewusstseins beschreibt das Sanskrit-Wort *Devata* als Vorgang des Beobachtens oder Erkenntnisprozesses.

INFO

Jeder Einzelne von uns ist etwas ganz Besonderes, etwas unverwechselbar Einzigartiges. Die einzelnen Schritte der Entstehung der Materie werden jedoch als absolut identisch beschrieben, ganz gleich, ob aus dem einheitlichen Feld aller Naturgesetze, dem Veda, Menschen, Tiere, Nahrungsmittel, Heilpflanzen oder für den Abhyanga genutzte Öle hervorgehen.

Die drei Impulse des in sich ruhenden Bewusstseins: Rishi, Devata und Chhandas. Wissen ist ganzheitlich, wenn diese drei Aspekte integriert sind (nach Dillbeck, 1990).

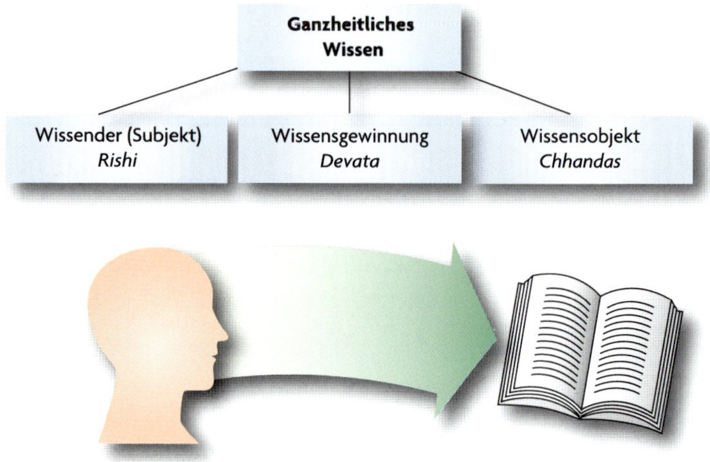

Der dritte dieser feinsten Anteile ist das beobachtete Objekt, auf das die Aufmerksamkeit des Rishi gerichtet ist. Dieser Aspekt heißt im Sanskrit *Chhandas* („Objekt“). Dabei ist in diesem Fall das beobachtete Objekt der Rishi selbst, aber diesmal als Gegenstand seiner eigenen Wahrnehmung, als dasjenige, das von ihm beobachtet wird.

Die innere Intelligenz des Körpers

Das dynamische Wechselspiel von Rishi, Devata und Chhandas, die Samhita des Veda, bildet den geistigen Bauplan der Schöpfung. Bei der Umwandlung des Bewusstseins in Materie verdichten die drei Aspekte ihre Schwingung zu den drei steuernden Prinzipien der inneren Intelligenz unseres Körpers. Diese werden im Ayurveda die drei Doshas genannt: Vata, Pitta und Kapha.

Vata entwickelt sich aus dem Rishi-Aspekt, formt und lenkt die Sinnesorgane, das Nervensystem und all unsere Bewegungen und steuert außerdem die Zellteilung. Vata ist Ausdruck der Lebensenergie selbst und trägt und bewegt auch die beiden anderen Doshas. Vata

Transformation von Bewusstsein in Materie

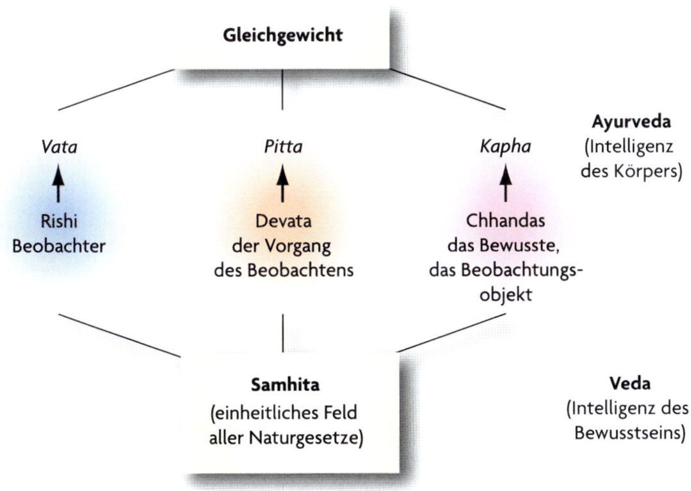

Aus dem Bereich der Samhita geht die gesamte Schöpfung hervor, deren Aufbau und Struktur über die drei Doshas im Gleichgewicht gehalten wird.

ist das zarteste, bewegende Steuerungsprinzip, das deshalb auch am leichtesten aus dem Gleichgewicht gerät.

Pitta wirkt umwandelnd und erwärmend als ausgedrückte Energie des Devata-Aspekts, die die Körpertemperatur und alle chemischen Reaktionen steuert und sich damit im Stoffwechselgeschehen zeigt.

Chhandas ist das Objekt, der Gegenstand der Wahrnehmung, wörtlich übersetzt das „Einhüllende", „Verdeckende" oder „Versteckende". In ausgedrückter Form bildet es als *Kapha* die „Substanz" des Körpers, seine Form und Festigkeit, die seine innere Intelligenz beherbergt und verbirgt. Genauso, wie innerhalb der Samhita Devata zu Chhandas wird, bauen die vom Pitta-Dosha gesteuerten Umwandlungsprozesse der Enzyme den Körper mit seiner Struktur und Festigkeit auf und erzeugen so das Kapha-Dosha.

Die drei Doshas als ein Ausdruck unserer inneren Intelligenz steuern im menschlichen Organismus den physischen Stoffwechsel genauso wie die psychische Verfassung. Die Art ihres Zusammenwirkens bestimmt, ob ein Mensch eher dick oder dünn ist, ob er eine große Nase oder eine Stupsnase hat, ob er zu Verstopfung oder Völlegefühl neigt, und nicht zuletzt, ob er insgesamt eher nervös, dynamisch oder langsam ist.

INFO

Die Intelligenz des Bewusstseins (Veda) drückt sich in der Intelligenz des Körpers (Ayurveda) aus sowie in der inneren Intelligenz des Körpers, die alle Körperfunktionen aufeinander abstimmt und sie in geordneter Weise zusammenwirken lässt.

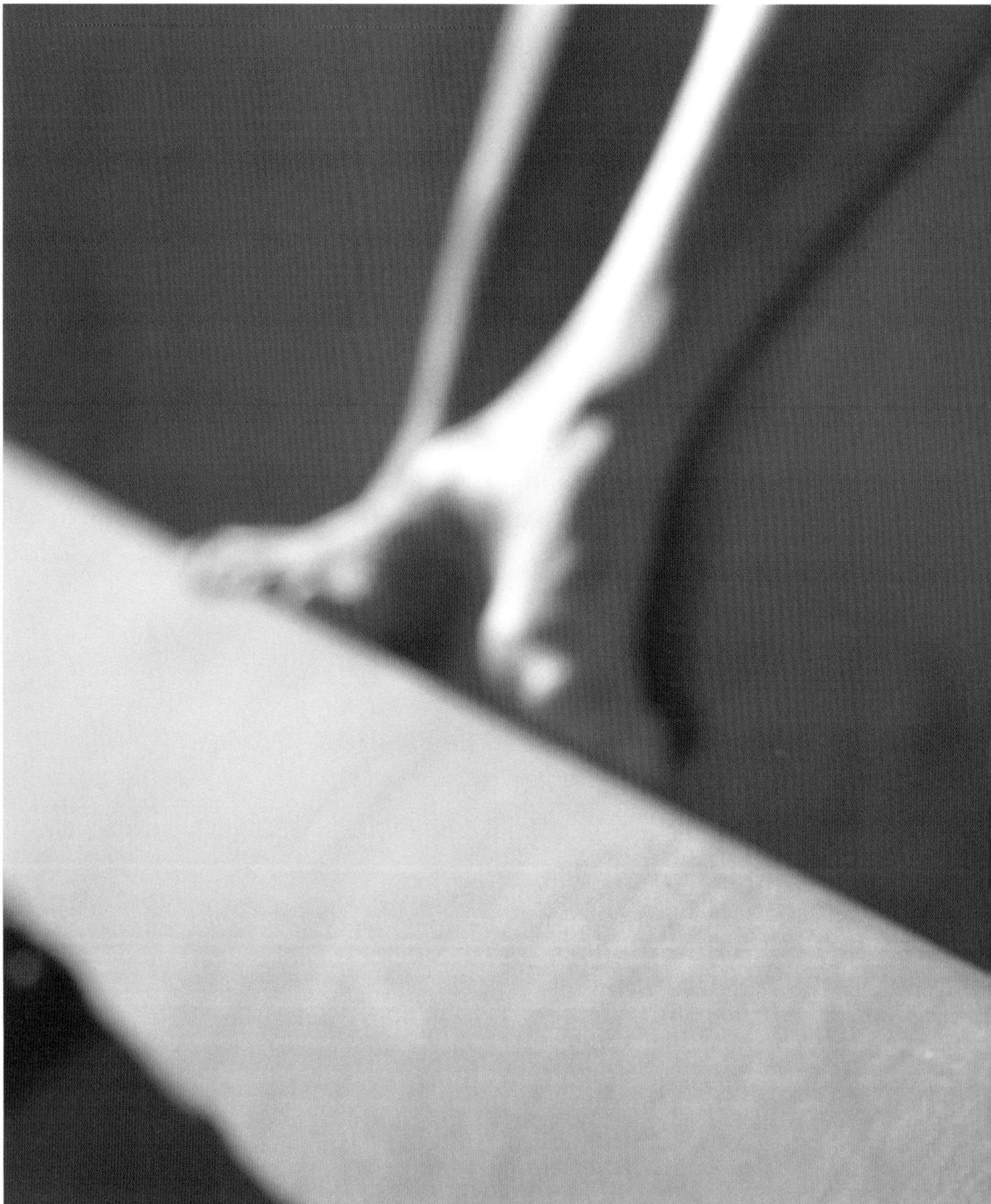

Praktisches Grundlagenwissen

Jeder Mensch ist ein unverwechselbares Individuum mit einem eigenen Bauplan, der die Funktionsabläufe im Organismus und das Zusammenspiel zwischen Geist und Körper steuert. Der Abhyanga kann Störungen dieses Gleichgewichts wirkungsvoll wieder ausgleichen.

Die Balance wiederfinden

Während die moderne Medizin bisher ihr Augenmerk hauptsächlich auf die Entdeckung des Körpers mit all seinen Einzelaspekten legt, weiß der Ayurveda, dass jedem Menschen ein feiner, höchst individueller Bauplan zugrunde liegt, der die Einzigartigkeit eines jeden von uns hervorbringt und das Zusammenspiel von Geist und Körper sowie ihre ganz speziellen Funktionsabläufe steuert.

Daher ist es sinnvoll, dass Sie Ihren eigenen Bauplan kennen lernen, denn so können Sie sich und Ihre Reaktionen auf die Mitmenschen sowie die Besonderheiten Ihres Stoffwechsels besser verstehen. Auf dieser Basis lässt sich besser nachvollziehen, welche Einflüsse Ihr inneres Gleichgewicht durcheinander bringen und welche Störungen dies nach sich ziehen kann. Und was das Wichtigste ist: Sie können auf dieser Grundlage lernen, Geist und Körper durch ausgleichende Maßnahmen – etwa durch eine auf Sie ganz persönlich zugeschnittene Ölanwendung, den Abhyanga – zu einem neuen, harmonischeren Gleichgewicht zu führen.

Lernen Sie im Folgenden das Wechselspiel der Doshas in Ihrem eigenen Körper und Geist verstehen und beginnen Sie, auf Ihre innere Stimme als Ausdruck Ihrer inneren Intelligenz zu horchen. Auf dieser Basis können Sie dann anschließend die für Sie passende Form der Ölbehandlung ermitteln und anwenden.

Der individuelle Konstitutionstyp

Die Konstitution eines Menschen wird durch den Ausprägungsgrad und das Zusammenwirken der drei Doshas bestimmt. Mit diesem Wissen können Sie Besonderheiten Ihres Stoffwechsels, Ihres Verhaltens, Ihrer Stimmungen und Eigenarten besser verstehen. Eine zusätzliche Untersützung bietet dabei die in einem Seminar erlernbare Eigenpulsdiagnose. Mit diesem Schnelltest kann auch der Laie an seinem eigenen Puls seine Konstitution sowie momentane Schwankungen der Verfassung ablesen. Das intellektuelle Wissen wie auch das intuitive Verständnis der Doshas zeigt Ihnen, wann Sie in Harmonie mit sich und Ihrer Umwelt sind, oder wann Sie beginnen sollten, etwas für Ihr Gleichgewicht und Ihre Gesundheit zu tun.

Die Eigenpulsdiagnose

Bei der Eigenpulsdiagnose kann man mit drei Fingern den Zustand von Vata, Pitta und Kapha feststellen. Dieser Schnelltest lässt zuverlässige und differenzierte Aussagen über die körperliche und geistige Gesundheit zu.

Die drei Doshas Vata, Pitta und Kapha sind die feinsten Intelligenzkräfte, die jeden Körper formen und lenken. Diese drei strukturgebenden Grundkräfte der inneren Intelligenz unseres Körpers bilden die Organe aus, regulieren deren Zusammenspiel und steuern alle körperlichen und geistigen Funktionen.

Gut zu wissen

Der Einfluss der Doshas auf Körper und Geist

Es ist kein Wirken der Doshas in unserem Geist denkbar, das nicht gleichsinnig den Körper verändert, ebenso wie jeder körperliche Impuls Entsprechungen im Geist hervorruft. Sind wir traurig oder zornig, so ziehen diese Gefühle, wie man inzwischen auch aus der modernen Medizin weiß, unmittelbar die Produktion verschiedener Stresshormone und anderer Moleküle in unserem Körper nach sich, die viele körperliche Vorgänge verändern und beispielsweise unsere Abwehrlage messbar verschlechtern können.
Umgekehrt führen ganz simple Virustoxine einer Grippe dazu, dass wir uns nicht nur körperlich zerschlagen, sondern bei Krankheitsbeginn auch seelisch depressiv oder mutlos fühlen.

Veda und vedische Literatur beschreiben schon seit uralten Zeiten die wechselseitige Beeinflussung von Körper und Geist als Funktion der drei Doshas und beziehen auch die vielfältigen Wechselwirkungen mit der Umgebung in Diagnose und Therapie mit ein. Die harmonische, ungestörte Koordination der drei Doshas bildet die wichtigste Voraussetzung für körperliche und geistige Gesundheit. Umgekehrt müssen die Doshas wieder ins Gleichgewicht gebracht werden, wenn Krankheiten dieses fragile System stören.

Die drei Doshas

Vata, Pitta und Kapha bestimmen unsere individuelle Konstitution.

Testen Sie sich selbst

Um die drei Doshas näher kennen zu lernen, nehmen Sie mit dem folgenden Fragebogen eine eigene Einschätzung vor. So finden Sie heraus, welcher Konstitutionstyp bei Ihnen dominiert.

Beantworten Sie alle Fragen der drei Bereiche. Kreuzen Sie dort an, wo Ihre Aussagen im Allgemeinen, etwa für das letzte Halbjahr – nicht nur für die letzten Tage oder Wochen – zutreffen. Die Ziffer 0 bedeutet „Nein, stimmt überhaupt nicht", die Ziffer 1 „Ich weiß nicht" und die Ziffer 2 „Ja, stimmt genau".

Bin ich ein Vata-Typ?

Vata

Vata ist das Bewegungsprinzip. Ausgewogenes Vata bedeutet Willensenergie, Begeisterungsfähigkeit und Schnelligkeit. Es ist verantwortlich für die Zellteilung, sämtliche Funktionen des Nervensystems, der Bewegungsabläufe und der Ausscheidungsvorgänge.

	Nein	Weiß nicht	Ja
Ich bin lebhaft und begeisterungsfähig	0	1	2
Ich bin gesprächig	0	1	2
Ich werde leicht aufgeregt	0	1	2
Ich werde leicht ängstlich und besorgt	0	1	2
Es fällt mir schwer, Entscheidungen zu treffen	0	1	2
Ich handle schnell	0	1	2
Ich gehe und bewege mich schnell	0	1	2
Ich kann Neues schnell aufnehmen	0	1	2
Ich kann schlecht auswendig lernen und behalten	0	1	2
Ich schlafe schlecht ein und wache zwischendurch auf	0	1	2
Ich mag kaltes Wetter nicht	0	1	2
Ich neige zu Blähungen oder Verstopfung	0	1	2
Ich habe einen leichten Körperbau und nehme schwer zu	0	1	2
Ich bekomme leicht kalte Hände und Füße	0	1	2
Meine Haare sind trocken und kräuseln sich	0	1	2
Ich habe oft trockene Haut, besonders im Winter	0	1	2
Summe der Bewertungspunkte			

Bin ich ein Pitta-Typ?

	Nein	Weiß nicht	Ja
Ich habe einen scharfen Intellekt	0	1	2
Ich neige zu Perfektionismus	0	1	2
Ich neige zu präzisem und methodischem Arbeiten	0	1	2
Ich folge gern eigenen Vorstellungen und bin auch mal eigenwillig	0	1	2
Ich werde leicht ungeduldig	0	1	2
Ich werde ziemlich schnell gereizt oder ärgerlich	0	1	2
Ich brause leicht auf, beruhige mich aber schnell wieder	0	1	2
Ich verdaue gut und kann essen, was ich will	0	1	2
Ich kann mehr essen als die meisten Menschen meiner Größe	0	1	2
Bei Verzögerung/Ausfall des Essens fühle ich mich unwohl oder werde gereizt	0	1	2
Ich habe oft mehrmals täglich Stuhlgang	0	1	2
Ich fühle mich unwohl bei heißem Wetter und habe lieber zu kalt als zu heiß	0	1	2
Ich liebe kalte Speisen, Eiscreme und gekühlte Getränke	0	1	2
Mein Haar hat mindestens eines der folgenden Merkmale: dünn, seidig, blond, strohblond, rötlich, frühzeitig grau oder Haarausfall	0	1	2
Ich schwitze leicht	0	1	2
Mein Haut ist empfindlich, sommersprossig, leicht gerötet	0	1	2
Summe der Bewertungspunkte			

Pitta

Pitta ist das Wärme- und Stoffwechselprinzip. Ausgewogenes Pitta sorgt für gute Verdauung, scharfen Intellekt und Zufriedenheit.

Kapha

Kapha ist für Struktur und Festigkeit verantwortlich. Ausgewogenes Kapha verleiht Stärke, Ausdauer, Widerstandskraft, Stabilität und ein ausgeglichenes Temperament.

Bin ich ein Kapha-Typ?

	Nein	Weiß nicht	Ja
Andere Leute empfinden mich als angenehm	0	1	2
Es dauert lange, bis ich ärgerlich oder gereizt werde	0	1	2
Ich neige zu geruhsamem und gemütlichem Tun	0	1	2
Mein Gang ist langsam, fest und stabil	0	1	2
Ich habe ein ausgezeichnetes Langzeitgedächtnis	0	1	2
Kühles, feuchtes Wetter und Nebel sagt mir am wenigsten zu	0	1	2
Im Grunde bin ich ein friedlicher Mensch und schwer aus der Fassung zu bringen	0	1	2
Mein Schlaf ist tief und fest	0	1	2
Bei weniger als 8 Stunden Schlaf fühle ich mich tagsüber unwohl	0	1	2
Ich neige zu stärkerer Schleimbildung und zu Völlegefühl	0	1	2
Ich neige seit jeher zur Molligkeit und nehme sehr schnell zu	0	1	2
Wenn ich zu tun habe, kann ich leicht auf meine Mahlzeit verzichten	0	1	2
Mein Körperbau ist eher schwer und stabil	0	1	2
Meine Haut ist weich und sanft	0	1	2
Meine Haut ist eher kühl, ich friere dabei nicht	0	1	2
Meine Haare sind kräftig und wellig	0	1	2
Summe der Bewertungspunkte			

Vergleichen Sie die Endsummen der drei Testabschnitte miteinander und stellen Sie fest, welcher die höchste Punktzahl erzielt hat. Hier liegt die Dominanz Ihres individuellen Konstitutionstyps.

Alle Menschen sind Mischtypen

Der Test hat Ihnen Ihr ganz persönliches „Mischungsverhältnis" der drei Doshas angedeutet. Selbstverständlich ist das Ergebnis nichts Statisches und keine fixierte Verteilung Ihrer persönlichen Strukturprinzipien. Denn alles, was Sie tun und erleben, was Sie essen, über die Sinne oder über die Haut aufnehmen, beeinflusst wie bei jedem Menschen die Ausprägung und das Zusammenspiel der drei Doshas. Daher kann man nur von der Dominanz eines Typs sprechen, denn Änderungen dieser Grundstruktur sind von vorneherein vorprogrammiert.

INFO

Nur wenige Menschen sind „reine Typen". Lassen Sie sich nicht verwirren, wenn Sie auch bei sich Vata-, Pitta- und Kapha-Anteile feststellen. Viele Menschen haben von allem etwas und unterscheiden sich nur im Ausprägungsgrad, also in der Vorherrschaft der drei Doshas in Körper und Geist.

Der Arztbesuch

Gut zu wissen

Bei der Konsultation eines qualifizierten Ayurveda-Arztes können weit mehr Fragen und umfassendere Bewertungskriterien geklärt werden als in unserem Test. In unserem Maharishi-Ayurveda-Gesundheitszentrum füllen Sie als Patient beispielsweise vor der ersten Untersuchung einen sehr ausführlichen Fragebogen über Ihre momentane körperliche und geistige Verfassung aus und notieren auch frühere Beschwerden, die der Arzt im Detail mit Ihnen bespricht.

Dieser sieht sich darüber hinaus genau die Farbe Ihrer Haut und das Weiße Ihrer Augen an, bewertet Ihre Zunge und den Belag, begutachtet etwaige Rillen auf den Fingernägeln und vieles mehr. All dies gibt ihm Auskunft über die ganz persönliche Verteilung Ihrer Doshas, über den Zustand Ihrer Verdauungskraft und Ihrer Gesundheit.

Sicherlich wird er auch eine Pulsdiagnose vornehmen, die ihm nicht nur weitere Aufschlüsse über Ihre momentane Dosha-Verteilung, sondern auch über den Zustand der Subdoshas gibt. Denn Vata, Pitta und Kapha haben jeweils fünf Unterdoshas, die verschiedene Körperregionen steuern und auf ganz spezielle Störungen der Organsysteme hinweisen. Am Puls lässt sich aber auch mit einiger Erfahrung der Grad der Verschlackung einer Person ablesen. Eine exakte „Konstitutionstypenbestimmung" kann dementsprechend vom ersten, groben Ergebnis der Testabschnitte abweichen.

Der individuell abgestimmte Abhyanga

Der besondere Reiz des vedischen Gesundheitsprogramms ist, dass sich in ihm die ganze Vielschichtigkeit der Natur widerspiegelt. Es ist ein lebendiges, offenes System, das bei seinen Empfehlungen die höchst unterschiedliche Stoffwechselleistung und psychische Situation des Individuums berücksichtigt und sich außerdem ganz flexibel den Veränderungen in der Stoffwechselaktivität im Laufe der Lebensphasen und unter verschiedenen kosmischen Einflüssen anpasst.

So richtet sich die Durchführung des Abhyangas nach der Vorherrschaft der Doshas eines bestimmten Menschen, aber auch danach, ob sich im Laufe eines Lebens oder einer bestimmten Lebensphase Störungen der Doshas eingestellt haben. Schärfen Sie daher Ihren Blick für Doshas, die sich in Ihrem Körper und Geist im Übermaß angesammelt haben, damit Sie die richtige Art der Ölanwendung für sich herausfinden können.

Nicht nach Schema F

Der Maharishi-Ayurveda geht davon aus, dass eine völlig identische, schematische Form des Abhyangas niemals für alle Menschen und Situationen gleichermaßen geeignet und förderlich sein kann.

Wenn wir aus dem Lot geraten

Der Idealzustand eines Menschen ist nach vedischer Auffassung der Zustand vollkommener Gesundheit, der vollkommenen Balance zwischen dem Körper und seiner inneren Intelligenz. Dies drückt sich in der ausgewogenen Funktionsweise der Doshas aus, auch wenn sie prozentual bei jedem Menschen unterschiedlich stark ausgeprägt sind.

Ist das Zusammenspiel dieser drei zarten Intelligenzkräfte harmonisch, so befindet sich der Mensch im Gleichgewicht – er fühlt sich rundherum wohl, ist glücklich und gesund. Geht es ihm nicht so gut, so kann man davon ausgehen, dass seine innere Intelligenz nicht frei fließt und seine Doshas damit gestört sind. Je nachdem, welches Dosha im Übermaß steuert, zeigen Körper und Geist ganz spezifische Störungsmuster.

TIPP

Sehen Sie sich an dieser Stelle nochmals die Aussagen zu den drei Doshas in den Fragebögen ab S. 30 ff. an. Rufen Sie sich die für jedes der drei Intelligenzmuster Vata, Pitta und Kapha typischen Eigenschaften ins Gedächtnis und vergleichen Sie sie dann mit den Auswirkungen im gestörten Zustand.

Vata-Störungen

Ist die Wirkungsweise von Vata im Organismus eines Menschen gestört, so neigt er dazu, sich Sorgen und übermäßig viele Gedanken zu machen. Er wird nervös und ruhelos; Ängste und Schlaflosigkeit können die Folge sein.

Menschen mit überwiegendem Vata-Anteil in ihrer Konstitution neigen eher zu Verstopfung, Blähungen und schlechter Verwertung der Nahrung. Typische Leiden sind Rückenschmerzen und Erschöpfungszustände. In Stresssituationen verausgaben sich Menschen mit einem übermäßigen Vata-Anteil leicht. Sie neigen dazu, sich nicht genügend auszuruhen, was weitere Vata-Störungen nach sich zieht.

INFO

Selbst Menschen, die nur einen geringen Vata-Anteil in ihrer Grundkonstitution aufweisen, entwickeln im Westen heutzutage sehr häufig Vata-Störungen, denn unser Alltag ist geprägt von Unruhe, Zeitnot und Reizüberflutung.

Pitta-Störungen

Ein Pitta-Typ lässt sich nicht so schnell wie der Vata-Mensch aus dem Gleichgewicht bringen. Ist dies dennoch der Fall, so kann er zum Perfektionisten werden. Unter Stress neigt er zu Wutausbrüchen, Ungeduld und Gereiztheit. Typisch ist jedoch, dass er nicht nachtragend ist: So schnell er sich aufregt, so schnell beruhigt er sich auch wieder. Auch zügelloser Appetit zeigt eine übermäßig gehäufte Ansammlung von Pitta an.

Kapha-Störungen

Wenn sie aus dem Gleichgewicht geraten, werden Kapha-Personen leicht übergewichtig. Insbesondere an Beinen und Gesäß neigen sie zum Fettansatz. Häufig fühlen Sie sich dumpf und antriebsarm (Morgenmuffel!), werden träge und depressiv. In diesem Zustand schlafen sie oft mehr, als ihnen gut tut.

Ein hoher Cholesterinspiegel, Wassereinlagerungen im Gewebe, Übelkeit und Völlegefühl, aber auch schleimiger Auswurf sowie Schnupfen sind weitere typische Anzeichen für eine Kapha-Vermehrung im Organismus.

INFO

Selbstverständlich können auch im Falle des Ungleichgewichts der Doshas gemischte Störungen auftreten.

Wieder ins Gleichgewicht kommen

Die einfache Faustregel jeder vedischen Gesundheitstherapie lautet: Alle Störungen werden ganz natürlich durch ihren Gegenpol ausgeglichen – Unruhe und Nervosität beispielsweise durch einen sanften, beruhigenden Abhyanga sowie durch Schlaf und tiefe Ruhe mithilfe der Transzendentalen Meditation. Trägheit und Dumpfheit bessern sich hingegen durch eine eher trockene, aktivierende Rubbelbehandlung und auch ganz allgemein durch Aktivität und Bewegung. Kälte wiederum kann durch erhitzende Eigenschaften eines warm aufgetragenen Heilkräuteröls genauso gut ausgeglichen werden wie durch äußerliche Wärmeanwendungen oder durch heiße Getränke.

Auf diese Weise kann auch der Abhyanga im Idealfall genau auf den Typ und das Störungsmuster eines Menschen abgestimmt werden. Damit ist er nicht nur ein entspannender Genuss für stille Stun-

Leben im Einklang mit den Rhythmen der Jahreszeiten

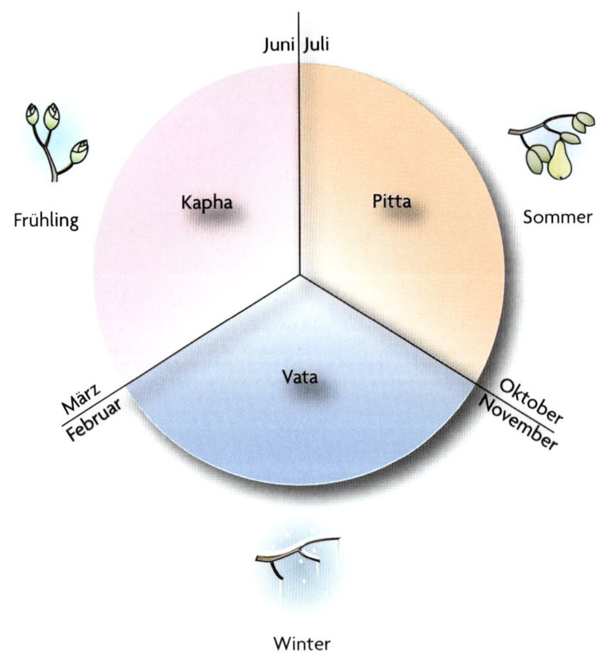

Die Monate sind ungefähre Angaben für Mitteleuropa, die je nach Region und Klima variieren können.

den, sondern gleichzeitig auch ein Impuls, die Doshas eines Menschen wieder ins Gleichgewicht zu bringen und damit die Basis für größeres Wohlgefühl und verbesserte Gesundheit zu schaffen.

Gut zu wissen

Abhyanga für verschiedene Jahreszeiten

Jeder Mensch ist in seinem Leben ständig wechselnden Einflüssen aus der Umgebung und dem Kosmos ausgesetzt. So wirkt sich auch der Wechsel der Jahreszeiten mit seinen Temperaturschwankungen und klimatischen Veränderungen auf das feine Zusammenspiel der Doshas aus.

- Vata-Jahreszeit und -Klima zeichnen sich durch Wind, Kälte und Trockenheit oder ständig wechselndes Wetter aus. In dieser Jahreszeit ist der tägliche Abhyanga besonders wichtig, um davor zu schützen, dass diese Außeneinflüsse Vata-Störungen im Feingefüge des Menschen hervorrufen können. Ängste und Rastlosigkeit in der dunklen Jahreszeit sowie trockene Haut, die alljährlich auftreten, können so von vornherein vermieden werden.
- Das Pitta-Dosha herrscht bei heißem Wetter vor. Sind die Außentemperaturen sehr hoch, so genügt es, Kopfhaut, Ohren und Füße zu behandeln. Wenn Sie stark schwitzen, sollten Sie es mit Pitta-Öl oder zur Abkühlung mit Kokosnussöl versuchen. Die regelmäßige Anwendung beugt Magenschleimhautreizungen im Herbst, Infektionskrankheiten, Hautreizungen oder entzündlichen Hauterscheinungen vor und vermeidet die Reizbarkeit, die mit allzu großer Hitze einhergeht.
- Die Kapha-Jahreszeit wird durch kühles, feuchtes Wetter bestimmt, durch Nebel, Regen und Schnee. Im Frühling dominiert der Einfluss von Kapha weiter. In diesem Zeitraum ist daher ein belebender Abhyanga ideal. Er steigert die Stoffwechselaktivität und mobilisiert Ablagerungen körpereigener Toxine. Dadurch beugen Sie erfolgreich der Frühjahrsmüdigkeit und Frühjahrsgrippe vor.

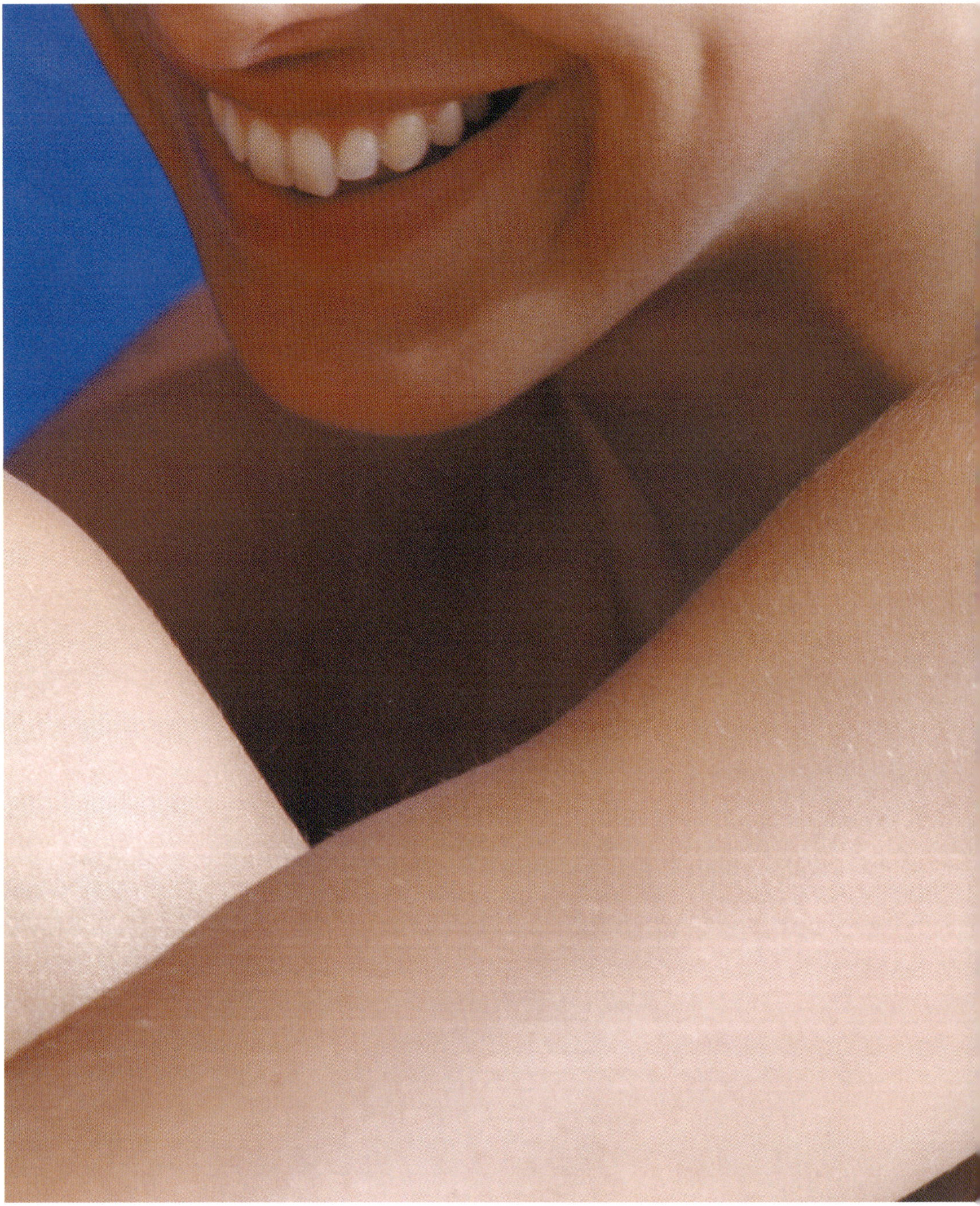

Ganzheitliche Wirkungsweise

In Verbindung mit dem richtigen Öl vermag der regelmäßig durchgeführte Abhyanga Stoffwechselabbauprodukte in den Zellen zu lockern, die Entgiftung des Körpers voranzutreiben und das Aufblühen der ganzen Persönlichkeit zu unterstützen.

Gesundheit ist Hautsache

Der tägliche Abhyanga wird empfohlen, um den Körper zu reinigen und gleichzeitig den Geist zu entspannen. Denn die Haut ist das größte Organ des Menschen und über Nervenbahnen und Reflexwirkungen mit allen inneren Organen verbunden. Daher lassen sich über die Hautoberfläche Körper und Geist sowie die allgemeine Gesundheit positiv beeinflussen. Das geeignete Öl vermag Stoffwechselabbauprodukte in den Zellen zu lockern, sodass die körpereigenen Entgiftungssysteme von Haut, Nieren und Darm diese Ablagerungen ausscheiden können.

Je weniger Ihre Zellen belastet sind, desto leichter fühlen Sie sich und desto besser arbeiten all Ihre Organe. Vielfältige wissenschaftliche Studien über den herausragenden Nutzen von Massagen bestätigen dies inzwischen. Der regelmäßig durchgeführte Abhyanga kann zum Aufblühen Ihrer ganzen Persönlichkeit führen, denn je sauberer Ihr Körper wird, desto besser durchdringt Ihr inneres Bewusstsein auch jede Ihrer Zellen, ordnet die vielfältigen Funktionen des Körpers und lädt Sie mit neuer Energie auf.

Der Abhyanga sollte nach Möglichkeit zum festen Bestandteil der Körperhygiene werden. Sich selbst täglich mit einer Ölanwendung zu verwöhnen, kostet jedoch Zeit und Aufmerksamkeit. Hilfreich ist hier erfahrungsgemäß ein tieferes Verständnis der umfassenden Wirkungen des Abhyangas.

Berührung verbindet

(Be-)Rührung

Das Wort „berühren" benutzen wir auch für eine zarte Verbindung auf der Bewusstseinsebene. Sagen wir: „Das hat mich berührt!", so meinen wir damit eine feine Empfindung unseres Herzens.

Berühren wir unseren eigenen Körper oder den eines anderen Menschen, so schaffen wir damit eine natürliche Verbindung. Behandeln wir uns selbst mit einem Abhyanga, so schenken wir uns liebevolle Aufmerksamkeit. Berühren und Gefühle sind immer eng miteinander verknüpft – und zwar so eng, dass Berührungen auch ohne Worte verständlich werden.

In jedem Fall verbindet das Berühren ein Subjekt (Rishi) mit einem Objekt (Chhandas). Das Berühren während des Abhyangas ist daher immer ein Ausdruck des Devata-Aspekts der Samhita, des verbindenden Wertes unseres eigenen Bewusstseins. Führen wir den Abhyanga regelmäßig durch, so treten wir ganz natürlich mehr in Kontakt mit uns selbst. Wir spüren uns mehr und schenken uns liebevolle Aufmerksamkeit, was nicht nur heilsame Wirkungen auf unseren Körper hat, sondern gleichzeitig auch auf unseren Geist.

Sanftes Streichen für den Stoffwechsel

Der verbindende Impuls des Devata-Wertes drückt sich innerhalb des Körpers als das Pitta-Dosha aus, das den Stoffwechsel steuert. Jede Streichbewegung auf der Haut belebt den Stoffwechsel ganz natürlich – und regt damit die vielfältigen Umwandlungsprozesse in unserem Organismus an.

Agni, das lichte „Feuer", spielt im gesamten Veda eine wichtige Rolle. Agni ist der erste Intelligenzimpuls des Bewusstseins, das erste Wort des Veda, aus dem sich der gesamte Veda und die gesamte vedische Literatur nach der ihnen innewohnenden Ordnung entfalten. Aus diesem Impuls geht die ganze Schöpfung hervor: „Und Gott sprach: Es werde Licht und es ward Licht!" Es ist derselbe Bewusstseinsimpuls, aus dem unsere innere Intelligenz unseren Körper erschafft und täglich erneuert.

Im menschlichen Körper wird dieses kosmische Feuer zum Verdauungsfeuer, das im Ayurveda ebenfalls Agni heißt. Es brennt und arbeitet als Verdauungsfeuer nicht nur in unseren Verdauungsorganen, sondern überall im Körper; es entfacht letztlich den Stoffwechsel in jeder einzelnen Zelle. Dies gilt für den menschlichen Körper ebenso wie für Pflanzen, Tiere und das gesamte Universum. Die Universalität des Schöpfungsfeuers schafft eine All-Verbundenheit nicht nur zwischen allen Zellen und Organen unseres Körpers, sondern auch zwischen den Menschen, zwischen Menschen und Pflanzen, Heilkräutern und den für den Abhyanga verwendeten Ölen. So kann bei richtiger Auswahl der entsprechenden Substanzen und Öle das Feuer im Menschen auf schonende Weise sowohl von innen als auch von außen vermehrt oder verringert werden.

INFO

Da Körper und Geist von demselben Intelligenzimpuls gesteuert werden und daher immer eine Einheit sind, finden wir den Devata-Aspekt des Abhyangas gleichsinnig in unserem Stoffwechsel wieder.

Agni ist das Verdauungsfeuer.

TIPP

Bei regelmäßiger Anwendung der Ganzkörper-Öl-behandlung lassen sich Verdauungsstörungen wie Blähungen, mangelhafte Verwertung der Nahrungsbestandteile, Völlegefühl und Verstopfung lindern oder beheben.

Wird Agni, der Stoffwechsel, durch die Streichbewegungen während des Abhyangas angeregt, so verbessert sich nicht nur die Aktivität in allen Hautzellen, sondern auch der Stoffwechsel der tiefer liegenden Gewebeschichten sowie des Magen-Darm-Trakts, dem Hauptsitz des Verdauungsfeuers.

Abbauprodukte lösen

Alle unverdauten Substanzen belasten den Organismus des Menschen, egal, welchen Ursprungs sie sind. Sie werden im Ayurveda unter dem Sammelbegriff *Ama* zusammengefasst. Reicht beispielsweise die individuelle Verdauungskraft des Körpers nicht aus, um die aufgenommene Nahrung zu verstoffwechseln, so bleiben nicht vollständig verwertete Abbauprodukte übrig. Wenn sie nicht ausgeschieden werden können, muss der Körper sie irgendwo ablagern.

Stoffwechselgifte können aber auch geistigen Ursprungs sein, was wir gehetzte, gestresste Zeitgenossen nicht auf die leichte Schulter nehmen sollten. Denn jeder geistige Eindruck ändert die Körperchemie: Auch er muss „verdaut" werden.

Gut zu wissen

Geistiger „Müll"

Die moderne Medizin kennt geistige Abfallstoffe ebenfalls seit Jahrzehnten: als Salzsäureüberschuss im Magen etwa oder als Stresshormon Adrenalin. Macht sich ein Mensch ständig Sorgen oder ist er zornig, so produziert er entsprechende Moleküle, die den Körper belasten. Außerdem verringern negative Gefühle die Verdauungskraft, sodass zusätzlich Verdauungsreste anfallen.

Im ungünstigsten Fall überzieht sich der Körper innerlich nach und nach mit einer Schicht dieser Schlackenstoffe, die den reibungslosen Stofftransport behindern und das freie Fließen der inneren Intelligenz beeinträchtigen. Sie lagern sich bevorzugt an Körperstellen ab, an denen die Durchblutung vermindert ist oder an denen der Organismus bereits Schwachstellen aufweist. Diese Ablagerungen erzeugen schon im Anfangsstadium eine große Zahl verschiedener Befindlichkeitsstörungen.

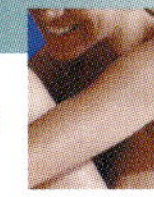

Zeichen von Stoffwechselbelastungen

- dumpfer, schwerer Kopf, schwere Gliedmaßen
- morgendliche Schwellungen um die Augen
- geschwollene Finger am Morgen
- steife Gelenke
- schlechte Durchblutung und blasse Gesichtsfarbe
- Übelkeit
- Blähungen
- Verstopfung oder Durchfall
- Müdigkeit, obwohl man ausgeschlafen ist
- schlechte Laune, Lustlosigkeit
- Trägheit und Antriebsarmut

Diese Liste macht deutlich, dass Sie systematisch für den Abbau von Toxinen sorgen sollten, um auf Dauer gesund bleiben zu können und sich wohl zu fühlen.

Unfertige Stoffwechselreste dagegen wirken wie „Sand im Getriebe“. Ihre Gegenwart stört viele notwendige Stoffwechselschritte, wie beispielsweise den lebenswichtigen Sauerstofftransport in und zwischen den Zellen. Reichern sich im Verlauf von Monaten und Jahren die Gewebe mit solchen Toxinen an – überziehen sich also beispielsweise die Innenwände der Blutgefäße mit Cholesterin –, so können lebenswichtige Substanzen die Zellen nur erschwert oder im Extremfall gar nicht mehr erreichen. Dass dies schwere Störungen wie Arteriosklerose („Arterienverkalkung“) nach sich zieht, weiß heute jeder aufgeklärte Zeitgenosse.

Auf der anderen Seite können Ausscheidungsfunktionen nicht mehr optimal erfüllt werden. So kann beispielsweise der Abtransport von Abfallstoffen durch die Schweißdrüsen ebenfalls vermindert sein, sodass die natürliche Entgiftung des Körpers behindert ist.

Um solchen Störungen vorzubeugen, enthält das vedische Gesundheitsprogramm eine große Zahl verschiedener Ernährungs- und Verhaltensempfehlungen, die den Stoffwechsel ankurbeln und dadurch zu einer systematischen Entschlackung des Organismus führen. Dazu gehört auch der Abhyanga, denn dabei werden Stoffwechselgifte aus ihrer Verankerung in den Zellen und zwischen den Zellen herausgelöst.

Gut zu wissen

Stoffwechselgifte lösen

Der durch die Handbewegungen aktivierte Stoffwechsel sorgt dafür, dass die chemischen Umwandlungsvorgänge, die zur Lösung von Giftstoffen vonnöten sind, gesteigert werden.

आयुर्वेद

„Die Ölung des Körpers entfernt schlechten Körpergeruch, heilt Schwere, Dumpfheit, Juckreiz und entfernt unerwünschten Schmutz und Unannehmlichkeiten des Schwitzens.“ (Charaka-Samhita, Sutrasthanam V, 93)

Die Strahlkraft des Menschen

Aber damit noch nicht genug – auch das Bewusstsein kann sich durch diese anscheinend rein körperlichen Maßnahmen besser entfalten. Ist der Körper nämlich von allen Stoffwechseltoxinen befreit, so kann die innere Intelligenz überall im Körper ungehindert fließen. Zudem bildet dann das Verdauungssystem die allerfeinste Substanz, die Körper und Geist, Bewusstsein und Materie zusammenhält. Sie wird im Veda als *Soma* bezeichnet und im Ayurveda als *Ojas*.

Ojas

Ojas ist bisher kein chemisch definierbares Molekül, obwohl seine Eigenschaften in den klassischen Texten des Ayurveda genau beschrieben werden. Am deutlichsten sichtbar ist es für den Laien als die Ausstrahlung von Geist und Körper.

Diese „Substanz“, die das gesamte Universum zusammenhält, hat eine so feine Struktur, dass sie gleichzeitig noch Bewusstsein, aber auch schon Materie ist. Ojas verbindet Körper und Geist an jeder Stelle des menschlichen Organismus und sorgt dafür, dass die ordnenden und heilenden Kräfte der Ganzheit oder des einheitlichen Feldes den Körper überall gleichzeitig durchdringen.

Gut zu wissen

Das freie Fließen der inneren Intelligenz

- schafft Vitalität und Stärke
- unterstützt die Immunabwehr und schützt vor Bakterien, Viren und Allergenen
- hält Verdauung und Stoffwechsel aufrecht
- baut die Körpergewebe auf und steuert ihre Transformation
- bewahrt die Jugendlichkeit und verzögert den Alterungsvorgang
- erhält das Gleichgewicht der drei Doshas
- schützt vor psychischen und psychosomatischen Störungen
- steigert Konzentrationsfähigkeit und positives Denken und schafft Abstand von Problemen
- ermöglicht die Erfahrung von Glückseligkeit

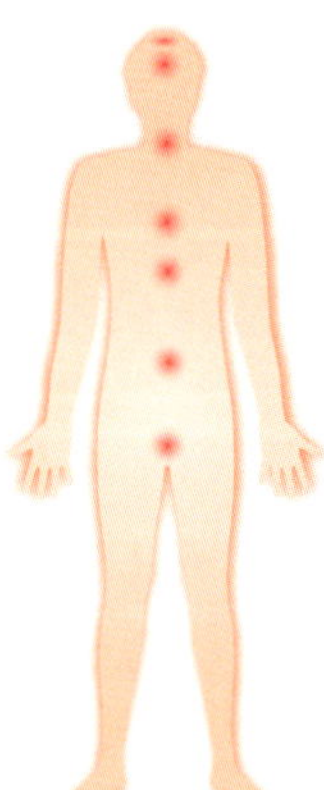

Abhyanga lässt Ojas im Körper fließen.

Ojas ist das Bindeglied zwischen Körper und Geist an ihrer feinsten Basis, ihrem Entstehungspunkt. So wird verständlich, weshalb eine körperliche Reinigung und Pflege wie der Abhyanga nicht nur Stoffwechselablagerungen zum Verschwinden bringt, sondern auch das gesamte Nervensystem mit all seinen Aspekten positiv beeinflussen kann.

Das Ziel des vedischen Gesundheitsprogramms ist es, das körperliche System zu verfeinern, indem alle Unreinheiten aus dem Organismus entfernt werden. Denn diese Unreinheiten sind grundsätzlich für die Trennung von Bewusstsein und Materie verantwortlich. Sie behindern den reibungslosen Ablauf der Naturgesetze, die verantwortlich für die Umwandlung von Bewusstsein in Materie sind.

INFO

Ein Mensch, der sehr verschlackt ist, ist auch in seiner Wahrnehmungsfähigkeit, seiner Intuition und Feinfühligkeit blockiert. Umgekehrt sorgt die „Klärung“ durch den Abhyanga für vielfältige positive Auswirkungen auf Körper und Geist.

Der Nutzen des Abhyangas

Wir kennen das Sprichwort: „Der Körper ist der Tempel des Geistes.“ Es legt nahe, dass die Struktur und Feinheit des Körpers die Voraussetzung für die Qualität des Bewusstseins darstellt, das diesem Körper innewohnt. Durch die Wärme des Öls und die Streichbewegungen wird erreicht, dass der Körper mit jedem Abhyanga ein bisschen mehr von angesammelten Stoffwechselrückständen befreit wird.

Gut zu wissen

Der tägliche Abhyanga

- regt den Kreislauf an
- stärkt und beruhigt das zentrale Nervensystem, verbessert den Schlaf
- gleicht das gesamte System der Hormone aus
- macht Muskeln, Gewebe und Gelenke geschmeidig und kräftigt sie
- macht die Haut sanfter, strahlender und jünger
- stärkt die Verdauungskraft
- entfernt Toxine
- beugt Krankheiten vor
- belebt den gesamten Körper
- verjüngt den Menschen und verlängert seine Lebensspanne
- gleicht die Gefühle aus und öffnet das Herz

Bei regelmäßiger, wiederholter Anwendung des Abhyangas nimmt die Gesundheit auf allen Ebenen zu. Zuerst merken Sie vielleicht „nur“, dass Sie sich vitaler, kräftiger fühlen, beim Gehen schwungvoller ausschreiten oder dass Ihre Muskeln sich stärker anfühlen. Vielleicht fühlen Sie sich auch weniger müde als sonst. Führen Sie den

Abhyanga weiter täglich durch, so stellen Sie möglicherweise fest, dass Sie weniger Erkältungskrankheiten bekommen, Ihr Heuschnupfen nach und nach geringer wird, Ihre Gesichtsfarbe gesünder wirkt, Ihre Hände und Füße besser durchblutet und wärmer sind.

Seelisches Wohlbefinden

Schon bei der ersten Ölanwendung verändert sich die Ausstrahlung: Die Augen bekommen einen intensiveren Glanz, die Haut wird nicht nur weicher, sondern hat nun auch einen zarten Schimmer. Gleichzeitig fühlen Sie sich entspannter, ruhiger und ausgeglichener.

Gleichzeitig merken Sie jedoch auch, dass sich in Ihrer Stimmung und Ihrem seelischen Wohlbefinden etwas verändert. Werden Stoffwechselabbauprodukte verringert, so kann die innere Intelligenz den menschlichen Körper ungehinderter durchdringen.

Nicht selten stellt man fest, dass sich während des Abhyangas die Laune bessert. Achten Sie einmal darauf, wenn Sie sich vorher müde oder zerschlagen fühlten: Schon nach dem Auftragen des Öls, nach den ersten Streichbewegungen wird die Stimmung besser, weil man mehr Freude und Liebe empfindet. Die Ursache: Die innere Intelligenz fließt wieder ungehinderter durch den Organismus. Störungen im Feingefüge des Körpers können nämlich nach und nach wieder ausgeglichen werden, wenn die intelligenten Impulse des Bewusstseins ordnend eingreifen und die Selbstheilungskräfte aktivieren.

Doch damit nicht genug. Der tägliche Abhyanga unterstützt auch die Bewusstseinsentwicklung. Dies können meditierende Menschen ganz unmittelbar spüren: Nach einem Abhyanga und einem anschließenden Bad ist der Geist gelöster, die Erfahrungen von Ruhe und Glück in der Meditation nehmen zu. Der eigentliche Fortschritt im täglichen Leben zu einer Ebene erweiterten Bewusstseins und größerer Wachheit wird damit durch den regelmäßigen Abhyanga unterstützt.

Der innere Saft steuert alle Funktionen des Baums von seiner Wurzel aus.

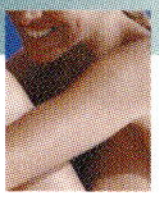

Ganzheit durch Ganzkörperbehandlung

Der Abhyanga erweist sich dann als besonders effektiv, wenn nicht nur Teilbereiche des Körpers behandelt werden, sondern möglichst der gesamte Körper.

Jede Handbewegung auf der Haut hinterlässt im Organismus vielfältige Spuren. Alle Systeme des Körpers stehen durch ein Netzwerk von Beziehungen miteinander in Verbindung, sodass durch eine sanfte Ganzkörper-Ölbehandlung unzählige harmonisierende Wechselwirkungen entstehen. Beispielsweise belebt jede Handbewegung über entsprechende Nervenbahnen das zugehörige Gehirnareal und aktiviert oder beruhigt – je nach Art der Durchführung – die mit dem oberen Hautbereich verbundenen Organe oder Organsysteme.

Den ganzen Körper behandeln

Tausende von Nervenendigungen verbinden die Haut mit allen anderen Organen und Geweben des Körpers. Daher kann über die gesamte Hautoberfläche auch das gesamte Körper-Geist-System des Menschen beruhigt oder angeregt und positiv beeinflusst werden.

Alle Organe beleben

In der Medizin ist seit der Entdeckung der so genannten Head'schen Zonen bekannt, dass jedem Hautsegment ein inneres Organ zugeordnet ist. Diese Zugehörigkeit erklärt sich durch die Embryonalentwicklung: Diejenigen Organe, die aus demselben Zellbereich hervorgegangen sind wie der dazugehörige Hautbereich, haben zu diesem auch im späteren Leben noch enge Verbindungen – selbst wenn sie im ausgewachsenen Körper weit voneinander entfernt liegen. Es gilt daher als gesichert, dass Empfindungen der Haut automatisch auf die zugeordneten inneren Organe mit einwirken.

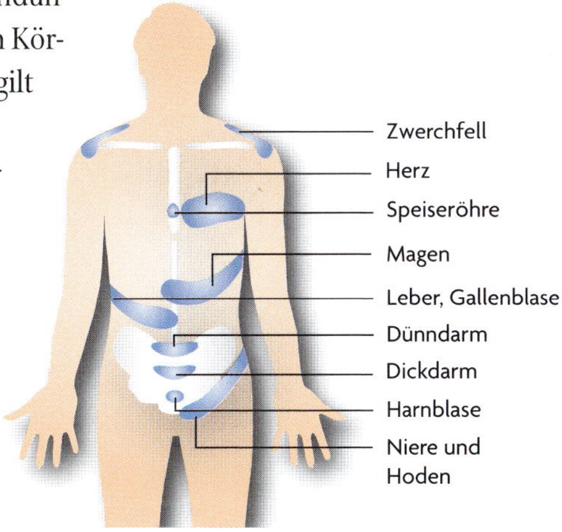

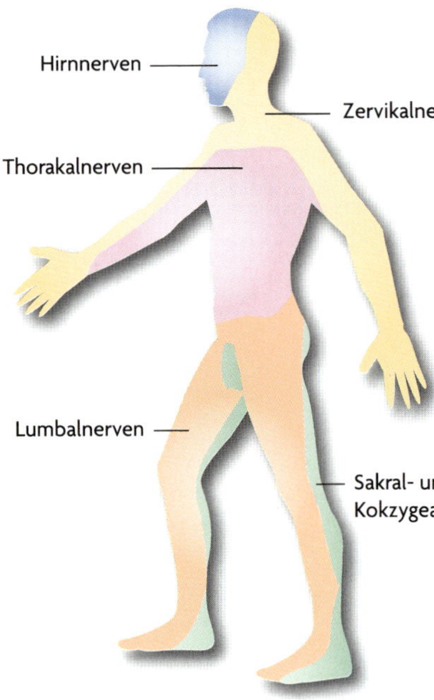

Die zu Gruppen zusammengefassten Rückenmarksnerven und die von ihnen versorgten Hautbereiche.

Die Sinneswahrnehmungen verfeinern

Aus der Wirbelsäule treten insgesamt 60 große Rückenmarksnerven aus. Jeder von ihnen versorgt einen bestimmten Hautbereich, ein so genanntes Dermatom.

Die Empfindungen und Sinneswahrnehmungen, die in diesen Hautzonen ausgelöst werden, sind dem Rishi-Wert des Bewusstseins zugeordnet. Das Berühren und Streichen der Haut trägt also dazu bei, die allgemeine Wachheit und Bewusstheit eines Menschen zu fördern sowie Intuition und Feinempfinden zu entwickeln.

Die Dermatome verkörpern sich in den zum Hirn führenden Nervenimpulsen aus allen Sinnesorganen und der gesamten Haut. Ein waches Nervensystem empfängt durch die verschiedensten Sinnesorgane und ihre Kanäle den gesamten Informationsfluss, der von außen nach innen verläuft. Die Belebung der Haut und damit der Nervenbahnen der Dermatome unterstützt die Eigenschaft „fließender Wachheit“ unserer inneren Intelligenz, die wiederum die Wahrnehmungen aus unseren fünf Sinnen belebt.

Belebung der Sinne

Der tägliche Abhyanga ist ein wundervolles Instrument, mit dem wir unsere Fähigkeiten des Sehens, Hörens, Riechens, Schmeckens und Tastens verfeinern können.

Das Gehirn aktivieren

Aus der Gehirnforschung ist bekannt, dass jedem Körperteil bestimmte Areale auf der Hirnrinde entsprechen. Und je mehr Sinneswahrnehmungen der betreffende Körperteil an die Hirnrinde meldet, desto größer werden auch die vorhandenen Bereiche.

So sind auf der Hirnrinde die Hände und insbesondere die Finger durch einen überdimensional großen Bereich repräsentiert, während Beine, Arme und Rumpf einen im Vergleich kleineren Bereich beanspruchen.

Behandeln wir also unseren ganzen Körper mit Abhyanga, so beleben wir damit auch unsere Gehirnfunktionen gleichmäßig und ausgewogen. Damit stärken wir unsere Wahrnehmungsfähigkeit für all unsere Körperempfindungen, verbessern die Koordination unserer Bewegungen und werden intuitiver und kreativer. Da das Gehirn das wichtigste Ausdrucksmittel unserer inneren Intelligenz ist und als bedeutsamstes Steuerungsorgan alle körperlichen und geistigen Funktionen miteinander koordiniert, trägt der regelmäßige Abhyanga zu besserer Gesundheit auf allen Ebenen bei.

So haben wir mit der Ölbehandlung auch unsere eigene Gesundheit in der Hand: Wir beleben über die zahllosen Empfindungsrezeptoren in der Haut unser Gehirn und alle Organsysteme sanft und systematisch.

INFO

Das Gehirn überwacht die Ausschüttung der Hormone und die Regulation unseres gesamten Stoffwechsels sowie das optimale Zusammenspiel aller Selbstheilungskräfte.

Unser größtes Organ: Die Haut

Wichtig für die Wirkungen und den Nutzen von Ölbehandlungen sind die vielfältigen Funktionen der Haut.

Der Aufbau der Haut ist in den verschiedenen Körperbereichen weitgehend identisch; sie unterscheidet sich lediglich in der Dicke der einzelnen Hautschichten und im Anteil und Aufbau der Hautanhangsgebilde. Aber die Haut ist nicht nur unser größtes Organ, sondern auch gleichzeitig für viele lebensnotwendige Funktionen unentbehrlich.

Die klassischen ayurvedischen Texte beschreiben sechs verschiedene Hautschichten, die nicht nur alle Funktionen enthalten, die in der modernen Medizin gefunden wurden, sondern die Hautschichten außerdem danach klassifizieren, welche verschiedenen Hautkrankheiten aus den Störungen der einzelnen Schichten entstehen.

Die Haut

ist mit Abstand unser größtes Organ: Ihre Oberfläche beträgt beim Erwachsenen je nach Körpergröße und Leibesumfang 1,5 bis 1,8 Quadratmeter, was in etwa der Größe eines Betttuchs entspricht. Unsere Haut ist 1 bis 4 Millimeter dick und macht nicht weniger als 12 Prozent unseres Körpergewichts aus. Bei 60 Kilogramm Körpergewicht sind das immerhin gut 7 Kilogramm!

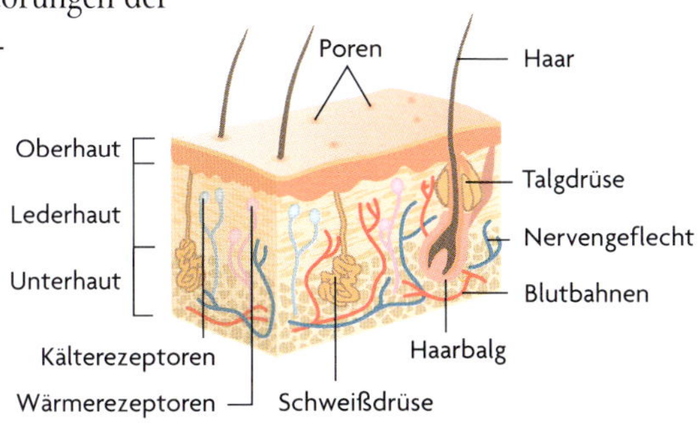

Die verschiedenen Schichten der Haut.

Ein wirkungsvoller Hautschutz

Die Oberhaut

Sie bewahrt den Körper, der ja zu 70 Prozent aus Wasser besteht, vor dem Austrocknen, was durch die schützende Ölschicht des Abhyangas wesentlich unterstützt werden kann.

Die Oberhaut mit der Hornschicht schützt den Körper vor schädigenden äußeren Einflüssen. Sie bildet nicht nur einen Schutzwall gegen Krankheitserreger wie Bakterien, Viren oder Schmutz, sondern filtert auch das gefährliche ultraviolette Licht und produziert den braunen Farbstoff Melanin, um die Haut vor den schädigenden Auswirkungen zu intensiver Sonnenbestrahlung zu schützen. Ferner wird hier auch das fettlösliche Vitamin D_3 hergestellt, das für den Aufbau der festen Knochensubstanz unerlässlich ist.

Verbesserte Immunabwehr

INFO

Auch die Lederhaut spielt eine bedeutende Rolle bei den Abwehrvorgängen im Körper. Sie wird ebenfalls durch die Tiefenwirkung regelmäßiger Abhyangas aktiviert.

In der unteren Schicht der Oberhaut finden sich Riesenfresszellen, die Fremdkörper einschließen und damit unschädlich machen, sowie Tastzellen, die Berührungen unterscheiden können. Außerdem laufen in der Oberhaut vielfältige Abwehrreaktionen ab. Spezielle Zellen aktivieren Lymphozyten (Abwehrzellen) und produzieren Abwehrkörper (Antigene).

Eine Belebung dieser Hautschichten mithilfe des Abhyangas ist einer der zahlreichen Gründe für die Besserung der Abwehrlage. Diese positive Wirkung wird durch die antibakteriellen Eigenschaften der verwendeten Heilkräuteröle (siehe S. 88 ff.) zusätzlich unterstützt.

Glatte, verjüngte Haut

Anti-Aging-Schönheitsschlaf

Wie schnell Zellen sich erneuern, hängt von der Körperenergie ab, die nach Mitternacht am intensivsten wirkt. Auch der Volksmund kennt den Begriff des „Schönheitsschlafs", der zu einer geschmeidigen, faltenarmen Haut führt.

Unsere Haut verjüngt sich ernorm schnell, denn in der tiefsten Schicht der Oberhaut entstehen durch Teilungsvorgänge laufend neue Zellen. Innerhalb von 27 Tagen durchwandern diese neu gebildeten Zellen die Oberhaut und bilden an der Oberfläche die schützende Hornhaut.

Der verjüngende Effekt eines regelmäßig durchgeführten Abhyangas wird durch diese Zusammenhänge verständlich: Zum einen nährt das Kräuteröl alle Hautschichten, zum anderen wird durch die wärmende Wirkung insbesondere des Sesamöls und der sanften Handbewegungen beim Einölen der Zellstoffwechsel direkt angeregt. Das

Ergebnis sehen Sie bei regelmäßiger Ölbehandlung bereits nach wenigen Tagen, einen bleibenden Effekt spätestens nach vier Wochen: Ihre Haut ist deutlich glatter, Sie sehen jünger und frischer aus.

Gut zu wissen

Die Lederhaut

Die Lederhaut verbindet die Oberhaut mit der Unterhaut. Ihre elastischen Fasern bewirken, dass die Haut sich enorm dehnen und danach ihre ursprüngliche Form wieder annehmen kann. Im Laufe des Lebens trocknen diese elastischen Fasern jedoch zunehmend aus und werden weniger rückbildungsfähig. Dies ist die Ursache für die Faltenbildung der Haut. Nähren und durchbluten Sie Ihre Haut mit dem regelmäßigen Abhyanga, so werden Sie auch hier erfreuliche Wirkungen feststellen. Denn die Hautfältchen fallen weniger tief aus und die Haut sieht insgesamt straffer und jünger aus.
In der Lederhaut liegen darüber hinaus viele kleine Blutgefäße, Tastzellen und Nervenenden. So wird verständlich, warum das Auftragen von Öl Vata beruhigt, tagsüber die Nerven stärkt und für ein „dickeres Fell“ sorgt.

Schöne Haare und Nägel

Abhyanga verjüngt auch Haut und Haare.

Die Unterhaut enthält ebenfalls viele Zellen des Immunsystems, Nervenkörperchen und Blutgefäße; in ihrer tieferen Schicht liegen Schweißdrüsen, Talgdrüsen und Haarwurzeln sowie die Anlagen für die Finger- und Fußnägel.

Da der Abhyanga die Haarerneuerung und Nagelbildung unterstützt, werden Finger- und Fußnägel dadurch im Laufe der Zeit glatter und fester. Zwar ist die eigentliche Haarbeschaffenheit erblich – selbst Glatzenbildung und Ergrauen sind in einem gewissen Rahmen festgelegt –, doch eine regelmäßige Ölbehandlung der Kopfhaut sorgt im Allgemeinen für gesundes, gut ernährtes, kräftiges und widerstandsfähiges Haar. Sie verzögert ferner den Alterungsvorgang der Haarwurzeln, sodass die natürliche Haarfarbe länger erhalten bleibt.

Geförderte Durchblutung

Aber nicht nur äußerlich spielt unsere Haut eine wichtige Rolle: Sie sorgt nämlich auch dafür, dass die inneren Organe des Körpers richtig arbeiten können, indem sie die optimale Körperkerntemperatur steuert. So reagiert sie minutiös auf Änderungen der Außentemperatur: Ist es außen kalt, ziehen sich die Blutgefäße der Unterhaut zusammen, um den Körper vor Wärmeverlusten zu schützen. Umgekehrt stellen sich die kleinen Arterien und Venen bei äußerer Hitze weit, um Wärme abzugeben. Diesen Mechanismus kann die Haut auch nutzen, um den Blutdruck zu regulieren.

Wärmeregulation

Dank der Wärmeregulation seitens der Haut können Ölbehandlungen helfen, den Blutdruck zu senken oder zu erhöhen, je nach Art ihrer Durchführung. Auch die Wirkung von Massagen auf den Blutdruck lässt sich so erklären.

Eng damit verbunden ist die Fähigkeit der Haut, über die Schweißdrüsen Flüssigkeit zur Kühlung abzugeben. Über die Abdunstung sorgt sie außerdem für den ausgewogenen Wasserhaushalt des Körpers und das Gleichgewicht der Spurenelemente im Organismus, die für die Nervenleitung und damit für die geregelte Funktion aller Körperbereiche verantwortlich sind.

Gut zu wissen

Kalte Hände und Füße?

Die Hautdurchblutung sagt auch etwas über den Zustand des gesamten Organismus aus. Haben Sie ständig kalte Hände und Füße, selbst bei warmer Umgebungstemperatur? Dies zeigt einen Vata-Überschuss an, den Sie mit regelmäßigen Abhyangas nach und nach ausgleichen können, bis Sie sich auch tagsüber an Fingern und Zehen durchwärmt fühlen.

Beruhigung und Entspannung

Die Schweißdrüsen arbeiten nicht nur bei äußerer Hitze vermehrt, sondern wir schwitzen – wie jeder aus eigener Erfahrung weiß – auch unter emotionaler Anspannung.

Eine zuverlässige Aussage über das Maß unserer Entspannung liefert in der modernen Medizin der elektrische Hautwiderstand. Erregt sich ein Mensch, beispielsweise wenn er lügt, so sinkt der Hautwider-

stand augenblicklich. Denn die Hautoberfläche leitet aufgrund der entstandenen Feuchtigkeit den bei einem solchen Messgerät angelegten Strom besser (ein Prinzip, das man sich beim Lügendetektor zunutze macht). Ein Feuchtigkeitsfilm auf der Hautoberfläche entspricht damit einem gefühlsmäßig eher angespannten Zustand. Der Ölfilm des Abhyangas bietet dagegen eine schützende Hülle, die Feuchtigkeit schlecht leitet. Dies ist eine weitere Erklärung dafür, dass die Ölbehandlungen deutlich beruhigen und entspannen.

Ein guter Hauttonus

Die ebenfalls in der Unterhaut sitzenden Talgdrüsen geben ihr Sekret über einen Ausführungsgang direkt in die Haartrichter ab. Sie erzeugen einen Fett- und Wachsfilm, der den Körper nicht nur gegen Feuchtigkeit und Kälte schützt, sondern auch eine Art „Schutzfolie" gegen wasserlösliche Substanzen darstellt, nicht aber gegen fettlösliche Stoffe. Fettlösliche Substanzen nähren übrigens nicht nur unsere oberen Hautschichten und verstärken den natürlichen Schutz durch die Talgdrüsen. Sie wandern außerdem auch durch alle Hautschichten, gelangen schließlich ins Blut und können dort vielfältige positive Wirkungen entfalten.

Der Talg hält die Hautfeuchtigkeit, was die Haut vor dem Austrocknen schützt und ihr die Geschmeidigkeit bewahrt. Die Hautfeuchtigkeit nimmt im Laufe des Lebens kontinuierlich ab, die alternde Haut wird zunehmend trockener. Aber auch diesen Alterungsvorgang verzögert der regelmäßige Abhyanga: Denn das Auftragen des Heilöls unterstützt den natürlichen Schutz der Talgdrüsen – es macht die Haare glänzend und die Haut geschmeidig.

Die tiefste Schicht der Unterhaut schließlich enthält die Fettzellen, die den Körper vor Wärmeverlust und Muskeln, Knochen und innere Organe vor Gewalteinwirkung schützen. Ein hochwertiges Abhyanga-Öl liefert dieser Hautschicht Fettmoleküle, die sie je nach Wahl des Öls mehr nähren oder reinigen und ihren Stoffwechsel anregen können.

आयुर्वेद

„Praktiziert jemand den Abhyanga regelmäßig, wird sein Körper nicht sehr beschädigt, selbst, wenn er Verletzungen oder anstrengender Arbeit ausgesetzt ist. Sein Körper ist sanft, geschmeidig, stark und bezaubernd."
(Charaka-Samhita, Sutrasthanam V, 87)

Die Haut als Spiegel der Gefühle

Die Aufgabe, die vielfältigen Funktionen unserer Haut genau aufeinander abzustimmen, übernimmt eine übergeordnete Nervenzellgruppe in unserem Gehirn, der Hypothalamus, der über die Rückenmarksnervenbahnen gleichzeitig mit allen Stellen auf der Haut verbunden ist.

Die wechselseitigen Beziehungen zwischen Haut und Gefühl sind uns offensichtlich gar nicht so unbewusst. Sagt nicht schon der Volksmund: „Die Haut ist der Spiegel der Seele“? Gefühle verraten sich also über den Zustand der Haut, indem wir erröten, erblassen, schwitzen oder frieren.

Umgekehrt können wir unser Gefühlszentrum auch aktiv über die Hautoberfläche beleben: Ein Kind etwa, das sich gestoßen hat, sucht instinktiv Schutz bei der Mutter, die es liebevoll streichelt – und schon sind Schmerz und Schreck nicht mehr so groß. Wenn wir Liebe und Zuneigung ausdrücken wollen, tun wir das nicht nur mit Worten, sondern fast immer auch über Hautkontakt, durch Umarmen oder Streicheln, unter Männern immerhin mit Schulterklopfen.

Aber noch ein weiterer Aspekt der vedischen Wissenschaft ist überaus bedeutsam: Da Öl in erster Linie Vata beruhigt und deshalb den Rishi- oder Beobachter-Wert ausgleicht, betonen wir durch den Abhyanga die wissenden und wahrnehmenden Impulse in unserem Inneren, die Sehen, Hören, Riechen, Schmecken oder Tasten verbessern. Genau dies tut auch die Haut, denn sie ist nichts anderes als ein ausgedehntes Sinnesorgan, mit dem wir Berührung, Schmerz und Temperatur empfinden können.

Gut zu wissen

Der Rishi-Wert

Mit dem Rishi-Wert fahren Sie sozusagen Ihre inneren Antennen aus und gewinnen zuverlässige Informationen über Ihre Umwelt. Das führt dazu, dass Sie durch den regelmäßigen Abhyanga im täglichen Leben offener für Ihre eigenen Empfindungen und Bedürfnisse, für Ihre ganz eigene, innere Persönlichkeit werden und sich besser nach außen abgrenzen können.

Der individuelle Hauttyp

Gut zu wissen

Neben dem allgemeinen Aufbau der Hautstrukturen spielt zusätzlich die individuelle Hautbeschaffenheit verschiedener Personen – je nach ihrer Dosha-Dominanz – eine wichtige Rolle.

Vata

Menschen mit einem Vata-Überschuss neigen zu
- trockener, rauer Haut
- sprödem, glanzlosem Haar
- brüchigen Fingernägeln
- dunklen Augenringen
- leicht grauer Hautfarbe
- kalten Händen und Füßen
- Frieren und Frösteln.

Pitta

Menschen mit einem Pitta-Überschuss neigen zu
- gut durchbluteter, warmer Haut
- Schwitzen und rascher Überhitzung (emotional wie körperlich)
- Hautausschlägen
- empfindlicher, leicht geröteter, unreiner Haut
- Krampfadern und Bindegewebsschwäche
- Entzündungen
- frühzeitigem Ergrauen oder Haarausfall.

Kapha

Menschen mit Kapha-Überschuss neigen zu
- einem schützenden, leicht öligen Fettfilm bis ins hohe Alter
- einer gut entwickelten Fettschicht in der Unterhaut
- sanft alabasterner Hautfarbe
- glatter, weicher und makelloser Haut
- eher feuchter, manchmal kühler Hautoberfläche ohne Frieren.

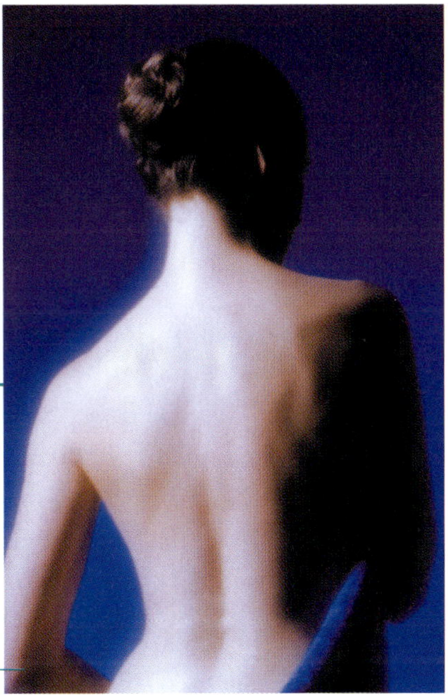

Je nach Dosha-Dominanz ist die Haut unterschiedlich beschaffen.

Wissenschaftliche Untersuchungen

In den letzten 20 Jahren wurden von westlichen Medizinern und Psychologen über 100 verschiedene Studien zur Effektivität verschiedener westlicher Massagen durchgeführt. Eine ganze Reihe der von den Rishis aufgeführten Wirkungen auf Körper und Geist wurden dabei bereits bestätigt, auch wenn voraussichtlich noch viele Untersuchungen nötig sein werden, um die weit reichenden Wirkungen von Massagen und Abhyangas besser verstehen zu können.

Größere Geschmeidigkeit

Forscher testeten die objektive Zunahme der Körperbeweglichkeit. So konnten Personen ihre Fingerspitzen bei der Rumpfbeuge nach einer Massage deutlich näher an ihre Füße bringen als vorher, ihre Halswirbelsäule war beweglicher und auch Bewegungen im Hüftgelenk und verschiedene Drehungen und Beugungen der Wirbelsäule waren messbar geschmeidiger.

Da gerade die Wirbelsäule das Rückenmark und damit einen Großteil der Hauptnerven des Menschen umschließt, wirkt sich eine Verjüngung dieses Bereichs nachvollziehbar positiv auch auf Ihre geistige Leistungsfähigkeit und Vitalität aus.

INFO

Massagen helfen ermüdeter Muskulatur, sich nach anstrengenden Tätigkeiten schneller wieder zu erholen, als wenn die Muskeln sich einfach nur passiv ausruhen. Untersuchte Personen konnten nach einer Massage außerdem größere körperliche Leistungen erbringen als unmassierte Vergleichspersonen.

Geringere Muskelanspannung, weniger Schmerzen

Verschiedene Untersuchungen belegen, dass die elektrisch messbare Muskelanspannung durch verschiedenste Massageformen gesenkt werden kann. Interessant sind in diesem Zusammenhang auch einige Studien, die noch drei bzw. sechs Monate nach einer Massageserie verringerte Werte verschiedener Schmerzzustände feststellen konnten – teilweise nahmen die Patienten sogar deutlich weniger Schmerzmittel ein als ohne vorherige Massagen.

Zwar erzeugte bei Rückenschmerzen eine chiropraktische Behandlung schnellere Behandlungserfolge, nach Abschluss sowohl der Chiropraktik als auch der Massagen zeigten beide Behandlungsmethoden im Vergleich jedoch denselben Behandlungserfolg.

Bessere Durchblutung

Zudem wurde wiederholt eine Förderung der Durchblutung nachgewiesen. Dabei erhöhte sich die lokale Hauttemperatur direkt nach der Massage teilweise um 0,5 bis 3 Grad Celsius – Werte, die beispielsweise bei der Knetmassage noch eine Stunde nach Beendigung der Behandlung messbar waren. Die Mediziner setzten dies mit einer Vermehrung der Durchblutung in den behandelten Muskel- und Hautpartien um etwa 20 Prozent gleich. Bei leichten, sanften Massagetechniken sowie bei niedriger Raumtemperatur war der Effekt geringer.

INFO

Die Bindegewebsmassage führte häufig zu einer messbaren Senkung des Blutdrucks und zu einer verlangsamten Pulsfrequenz. Je öfter die Massagen wiederholt wurden, desto deutlicher zeigte sich dieser Effekt. Trotzdem gab es auch Personen, bei denen sich keine derartigen Wirkungen einstellten.

Heilfördernde Wirkungen bei verschiedenen Krankheiten

Massagen wurden ebenfalls im Hinblick auf ihre Wirkungen bei verschiedensten Krankheitsbildern untersucht. Man stellte fest, dass Massageserien Druckgeschwüre schneller abheilen ließen und Frühgeborene schneller Gewicht zulegten. Bei arterieller Verschlusskrankheit und diabetischen Druchblutungsstörungen konnte die Blutversorgung und damit die Heilungstendenz nachweislich verbessert werden. Durch Massagebehandlungen wurden Wasseransammlungen im Gewebe reduziert. Gute Ergebnisse sahen die Untersucher auch bei sekundärer Amenorrhö (Ausbleiben der Regel) und Wechseljahresbeschwerden, bei chronischen Spannungskopfschmerzen und Migräne. Selbst Stotterern konnte geholfen werden, was die Forscher auf die verbesserte Hinrdurchblutung und die nachgewiesene Entspannung der beteiligten Sprechmuskulatur zurückführten.

Gut zu wissen

Steter Tropfen höhlt den Stein

Die positiven, bleibenden Wirkungen stellten sich bei den durchgeführten Studien vorwiegend durch regelmäßig durchgeführte Behandlungsserien ein. Mit sporadischen Anwendungen ist es also nicht getan, wenn Sie wirklich längerfristig anhaltende Umstimmungsvorgänge im Organismus erzeugen wollen.

Verbesserte psychische Verfassung

Der Ayurveda betont immer wieder die enge Verbindung zwischen Körper und Geist, die selbst bei westlichen Massagen feststellbar war. Die vorliegenden medizinischen Untersuchungen zeigten größte Übereinstimmung bei den Auswirkungen verschiedener Massagetechniken auf die psychische Verfassung.

Die Massagen erzeugten größere Gelassenheit und Ruhe, subjektiv mehr Energie sowie weniger Spannung und Müdigkeit. Untersuchte Studenten berichteten über eine positivere Stimmungslage und den Eindruck, besser auszusehen. Joggen und Massagen erbrachten bei ihnen einerseits eine messbare Verringerung von Spannung, Nervosität, Müdigkeit, Angst, Depressionen und Wut sowie andererseits eine Steigerung von Kraft und Vitalität. Keine der anderen zum Vergleich herangezogenen Sportarten konnte ähnlich positive Verbesserungen erzielen.

Gut zu wissen

Positive psychische Verfassung

Gleichgültig, ob die Forscher Studenten, Sportler, depressive Patienten von geschlossenen psychiatrischen Abteilungen untersuchten, psychotische, depressive, schizophrene oder verhaltensauffällige Kinder oder aber Patienten in der Krebsnachsorge: Es zeigte sich immer wieder eine eindeutige Stimmungsverbesserung durch regelmäßig durchgeführte Massagebehandlungen.

Eine ganz ähnlich gelagerte Studie an verhaltensauffälligen Jugendlichen einer psychiatrischen Abteilung zeigte dieselben Verbesserungen und ergab zusätzlich eine Verbesserung des Schlafmusters und deutlich weniger Ängste. Noch sechs Monate nach Beendigung der Massageserien waren die Verbesserungen, wenn auch weniger ausgeprägt, feststellbar.

Regelmäßig angewendet führt der Abhyanga neben den positiven körperlichen Wirkungen vor allem zu einer deutlichen Verbesserung der seelischen Verfassung.

Die Besonderheiten des Abhyangas

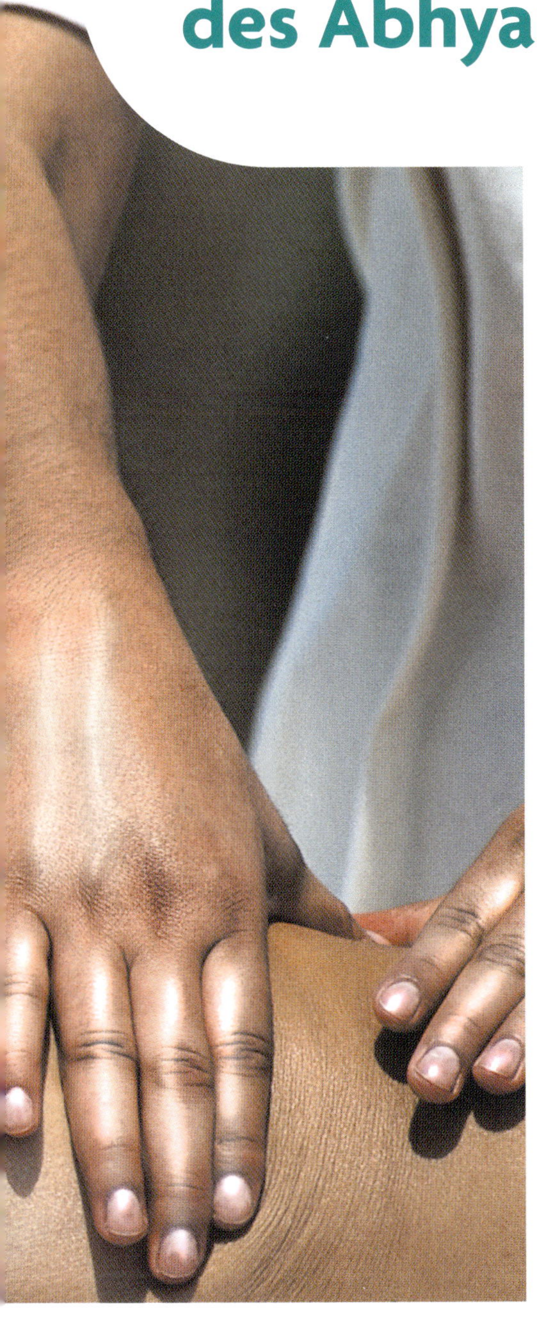

Der Abhyanga trägt der individuellen Konstitution des Behandelten durch verschiedene Strichrichtungen und Druckstärken der Hände Rechnung. Er balanciert die Doshas aus und erzielt auch über Wahl und Menge des Öls eine umstimmende Wirkung auf den Organismus.

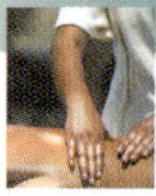

Den ganzen Menschen berühren

Der Abhyanga soll nicht nur unsere Zellen nähren und die vielfältigen Funktionen unserer Haut anregen, sondern auch den Menschen in seiner Gesamtheit „berühren“.

Es ist eine Alltagserfahrung, dass Menschen und Tiere verschiedenartige Streichbewegungen ganz unterschiedlich empfinden. Dem trägt der Abhyanga Rechnung, indem er verschiedene Strichrichtungen und Druckstärken der Hände im Einklang mit Ihrem individuellen Typ empfiehlt. Gleichzeitig können Sie Ihre Doshas auch mit der Art und Menge des Öls sowie mit den darin enthaltenen Kräutern balancieren, um auf Dauer eine noch intensiver umstimmende Wirkung zu erzielen.

Ein Abhyanga ist erst dann vollkommen, wenn sich die innere Intelligenz unseres Körpers durch unsere Handbewegungen ausdrücken kann. Ein Abhyanga sollte sich daher immer ganz spontan unserer Verfassung und unseren persönlichen Bedürfnissen anpassen dürfen, denn nur dann kann er wirklich heilsam, wirklich ganzheitlich sein und Körper und Geist integrieren. Würden Sie sich hingegen an starre Regeln halten, die Sie bei jeder Behandlung schematisch befolgen, so bliebe der Abhyanga immer mechanisch und oberflächlich und büßte seine ganzheitlichen, tieferen Wirkungen ein.

Gut zu wissen

Eine ideale Vorbereitung

Im Folgenden lernen Sie viele Aspekte der Durchführung differenziert kennen. Dies wird Ihnen helfen, sich zunehmend sicherer zu fühlen und sich auf dieser Grundlage durch Ihre innere Intelligenz führen zu lassen, die Ihr Feinempfinden lenkt und es Ihnen ermöglicht, täglich von neuem in Ihrem ganz eigenen Fluss der Bewegungen zu schwingen. So kann der Abhyanga zu dem werden, was er im vedischen Gesundheitsprogramm neben der Förderung guter Gesundheit sein soll: eine ideale Vorbereitung auf tiefe Erfahrungen in der Meditation.

Richtig be-hand-eln

Berührungen und Bewegungen der Hände auf unserer Haut helfen, den Stoffwechselumsatz anzuregen und Toxine aus Geweben und Zellen zu lösen. Um dies optimal zu erreichen, sollten die Hände den Körper sanft, aber fest umschließen, während sie sich in einem regelmäßigen, fließenden Auf und Ab bewegen.

Die Handbewegung

Grundsätzlich sollte die ganze Handfläche so weit wie möglich aufliegen, egal, welchen Körperteil wir behandeln. Dadurch entsteht ein gleichmäßig sanfter Druck auf alle Hautpunkte.

Damit in der Bewegung ein harmonischer Rhythmus beibehalten werden kann, benutzen Sie die Hände idealerweise im Wechsel.

Gut zu wissen

Übung: Der Fluss der Hände

Um ein Gefühl für die fließenden Bewegungen des Abhyangas zu bekommen, führen Sie am besten die folgende Übung an einem Bein durch. Achten Sie darauf, dass die Bewegungen zunächst sehr langsam erfolgen.

- Legen Sie Ihre rechte Hand mit der gesamten Handfläche nach unten ganz oben unterhalb der Leiste auf die Vorderseite des Oberschenkels. Die Finger liegen entspannt auf.
- Streichen Sie jetzt mit der Handfläche den Oberschenkel hinab Richtung Knie.
- Kurz bevor die rechte Hand am Knie ankommt, legen Sie die linke Hand oben auf den rechten Oberschenkel, wieder mit der ganzen Handfläche nach unten, und bewegen sie den Oberschenkel hinab, während sich die rechte Hand vom Knie löst, wieder zur Leiste wandert und dort von vorn beginnt. Unterdessen streicht die linke Hand wieder den Oberschenkel entlang zum Knie, löst sich und legt sich an die Leiste.
- Machen Sie diese Bewegungen mehrmals hintereinander; dabei können Sie langsam etwas schneller werden. Während eine unserer Hände in der Luft ist und zur nächsten Bewegung ausholt, streicht die andere unseren Körper, sodass der Fluss der Hände nicht unterbrochen wird.

Dieses Grundprinzip sollten Sie bei allen Bewegungen des Abhyangas beibehalten. Besonders, wenn Sie sich einen überwiegend entspannenden Abhyanga wünschen, wird der Körper so ununterbrochen behandelt; es entsteht keine Lücke in der Bewegung, kein abruptes Absetzen, das Unruhe, Nervosität oder Unausgeglichenheit im täglichen Leben vermehren könnte. Stattdessen kann das ununterbrochene Fließenlassen der Hände, die wie von selbst in ruhige Bewegungen hineingleiten, Körper und Geist harmonisieren.

Die Handhaltung

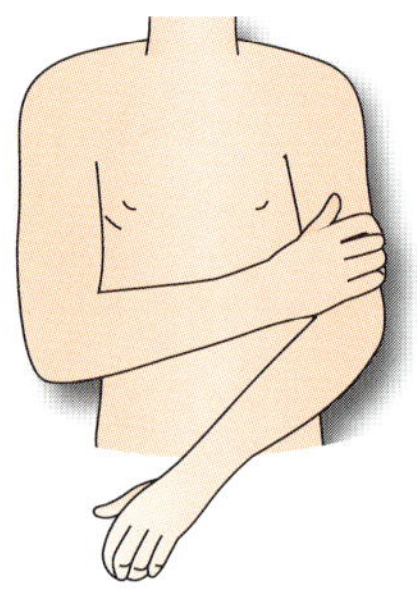

Die richtige Handhaltung.

Legt man die gesamte Handfläche während des Abhyangas locker auf die Hautoberfläche auf, sodass sie sich ganz natürlich dem Körper anpasst, so ist diese Handhaltung für den Abhyanga ideal. Dabei berühren der Handballen und die Innenseiten aller Finger bis hin zu den Fingerendgliedern die Haut. Selbst, wenn bei verschiedenen Behandlungstechniken der Druck geändert wird: Die Handhaltung bleibt doch die gleiche.

Vermeiden Sie es auf jeden Fall, punktuell in den Körper einzudringen, ganz gleich an welcher Stelle, oder mit spitzen Fingern zu behandeln. Legen Sie Ihre Hände immer parallel zur behandelnden Hautoberfläche, niemals senkrecht. So nehmen Sie ganz natürlich und automatisch die richtige Handhaltung für einen schonenden und wohltuenden Abhyanga ein. Auf diese Weise lockern Sie Toxine aus den Geweben, damit die innere Intelligenz des Körpers wieder frei fließen kann. Dadurch normalisiert sich der Stoffwechsel, und alle Funktionsabläufe stimmen sich besser aufeinander ab, sodass Störungen ausgeglichen werden können.

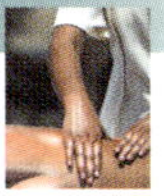

Gut zu wissen

Sanft und schonend

Bei einem Abhyanga sollten niemals Schmerzen auftreten. Denn dann verkrampft sich das umliegende Gewebe sowie die darunter liegende Muskulatur – und damit sammeln sich Stoffwechselschlacken in diesem Körperbereich, statt abgebaut zu werden. Es entsteht nicht eine Erweiterung der Blut- und Lymphgefäße sowie der Zellzwischenräume, in denen das Öl Stoffwechselabbauprodukte bindet und abtransportiert, sondern eine Verengung, die gegenteilig wirkt. Dadurch wird nämlich die Ausdehnung des Bewusstseins, die die sanften Streichungen ermöglichen können, sowie die körperliche Reinigung vermindert. Aus diesem Grund sollte der Abhyanga grundsätzlich eine sanfte, schonende Behandlung sein.

Gelenken mehr Aufmerksamkeit schenken

Stoffwechselabbauprodukte sammeln sich bevorzugt in Gelenknähe. Damit die Gelenke frei beweglich sind, hat die Natur einen Kunstgriff angewandt: Gelenke werden nicht direkt über Blutgefäße mit Sauerstoff versorgt. Stattdessen findet der Stoffaustausch über die Gelenkschmiere, eine konzentrierte Nährflüssigkeit, statt, ist dadurch aber träger.

Dies ist auch der Grund dafür, dass die an den Knochen ansetzenden Sehnen und die Knorpelscheiben im Laufe der Zeit durch die Einlagerung von Toxinen ihre natürliche Elastizität verlieren können. Unternimmt man nichts dagegen, so kann der Knorpel seine Pufferfunktion zwischen den Knochen nicht mehr wahrnehmen und nutzt sich allmählich ab. In späteren Stadien werden dann auch die Knochen in Mitleidenschaft gezogen, indem sie aufeinanderreiben und als Gegenreaktion knöcherne Auswüchse entwickeln. Dies führt nicht nur zu Einschränkungen in der Beweglichkeit, sondern auch zu Gelenkschmerzen und kann nicht selten schmerzhafte Gelenkentzündungen hervorrufen.

TIPP

Ein regelmäßig durchgeführter Abhyanga ist eine der sinnvollen und sicheren Vorbeugungsmöglichkeiten vor Gelenkverschleiß in späteren Lebensjahren.

Gut zu wissen

Schutz vor Gelenkentzündungen und -verschleiß

Der Abhyanga fördert
- den allgemeinen Stoffwechsel
- lokal den Stoffwechsel der Gelenke
- die allgemeine Abwehrlage
- die Geschmeidigkeit der Gelenke.

TIPP

Um das Einlagern von Stoffwechselschlacken in Gelenknähe von vornherein zu reduzieren, sollten Sie den Gelenken überall im Körper während des Abhyangas mehr Aufmerksamkeit schenken. Führen Sie über den Gelenken mit der aufliegenden Handfläche und den sie sanft umschließenden Fingern kreisende Bewegungen durch und wiederholen Sie dies von mehreren Seiten.

Der Abhyanga hilft, das Knirschen und Knacken der Gelenke zu reduzieren, das durch Luft im Gelenkspalt hervorgerufen wird. Es ist an sich völlig harmlos, zeigt jedoch an, dass zu wenig Gelenkschmiere produziert wird und damit die Geschmeidigkeit der Gelenke zu wünschen übrig lässt. Beginnen Sie daher rechtzeitig, Ihre Gelenke regelmäßig mit Öl zu verwöhnen, um späteren Übeln vorzubeugen.

Ablagerungen im Gelenkbereich verursachen selbst im Frühstadium nicht selten Steifheit und Schmerzen. Dies ist ein sicheres Zeichen dafür, dass Sie spätestens jetzt die abgelagerten Toxine systematisch wieder lockern und ausschleusen sollten, um das Fortschreiten des Gelenkverschleißes zu vermeiden.

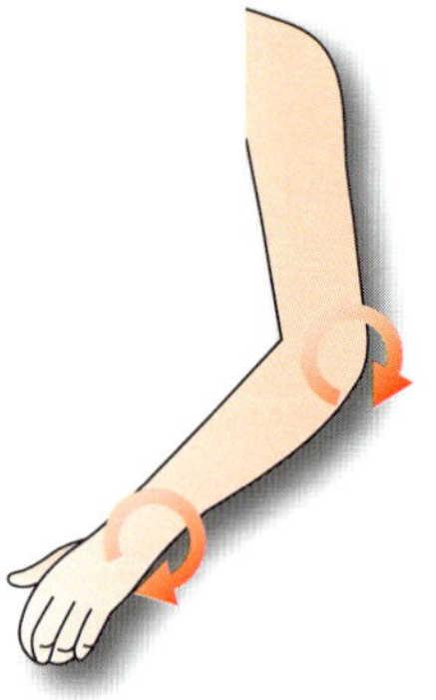

Kreisende Bewegungen um die Gelenke mit anliegender Hand beruhigen und unterstützen die Lockerung von Toxinen.

Fließen im Einklang mit dem Bewusstsein

Für die Eigenbehandlung zu Hause ist es empfehlenswert, die Streichbewegungen auf der Haut in ruhigen, gleitenden Vor- und Rückwärtsbewegungen auszuführen. Fühlen Sie sich dabei in jede Ihrer Bewegungen ein, in das harmonische Fließen Ihrer inneren Intelligenz, sodass eine ganz natürliche „Melodie" der Bewegungen die Folge ist.

Streichen Sie jetzt beim Lesen an Ihrem nackten Unterarm von der Ellenbeuge aus Richtung Handgelenk. So glätten Sie automatisch die kleinen Hautschüppchen und Körperhaare. Die Streichbewegung der Hände mit der Wuchsrichtung der Köperhaare wirkt beruhigend und besänftigend auf den Körper und beruhigt alle Arten von Vata-Störungen.

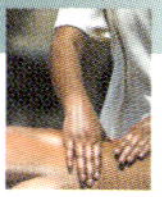

In der Regel wird empfohlen, den Abhyanga frühmorgens vor der Meditation auszuführen. Das besänftigende Streichen ist eine gute Vorbereitung für den Tag: Die vielfältigen Eindrücke des Tages und selbst Stresssituationen können dann wie Wassertropfen an Ihrem geglätteten „dicken Fell" abperlen.

Führen Sie jetzt Ihre Hand wieder vom Handgelenk zur Ellenbeuge und dann wieder zurück. Dieses Rückwärtsstreichen entgegen der Wuchsrichtung der Körperhaare wirkt nun nicht mehr entspannend, sondern belebt den Zellstoffwechsel, regt die Durchblutung und die gesamten Hautfunktionen stärker an und fördert den Abbau von Stoffwechselablagerungen.

Führen Sie überall am Körper mit den Händen im Einklang mit dem harmonischen Fluss Ihrer inneren Intelligenz fließende Auf- und Abwärtsbewegungen durch.

Nicht gegen den Strich

Jeder Tierfreund weiß, dass Tiere ungern gegen den Fellwuchs gestreichelt werden. Streichelt man hingegen mit dem Strich, so fangen Katzen sofort an zu schnurren. Diese entspannende Strichrichtung hilft auch uns, die Reizüberflutung des Alltags mit ihren negativen Wirkungen auf Geist und Körper auszugleichen.

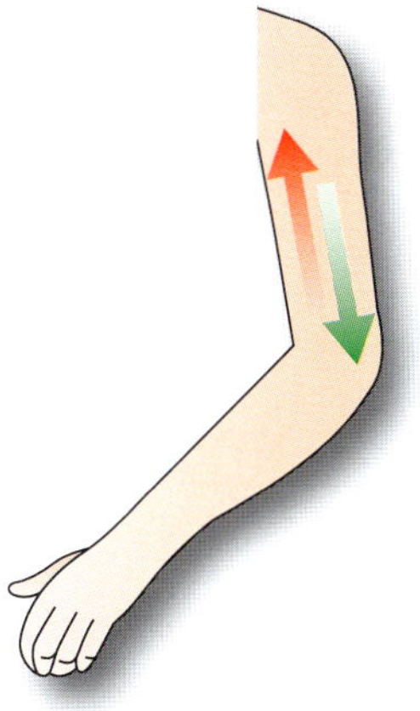

Das Abwärtsstreichen mit Wuchsrichtung der Körperhaare (grün) wirkt beruhigend, das Aufwärtsstreichen gegen den Strich (rot) anregend.

INFO

Bei bestimmten, medizinisch indizierten Heilbehandlungen bedient man sich in speziellen Maharishi-Ayurveda-Gesundheitszentren durchaus auch anderer Strichrichtungen, um ganz gezielt eine gewünschte Wirkung herbeizuführen.

Der Wechsel in der Strichrichtung bewirkt eine sehr ausgewogene Behandlung: Eine so durchgeführte Ölanwendung hilft den Körper zu entschlacken, während sie gleichzeitig eine entspannende und stressreduzierende Wirkung auf Körper und Geist hat.

Ölen entspannt den ganzen Menschen

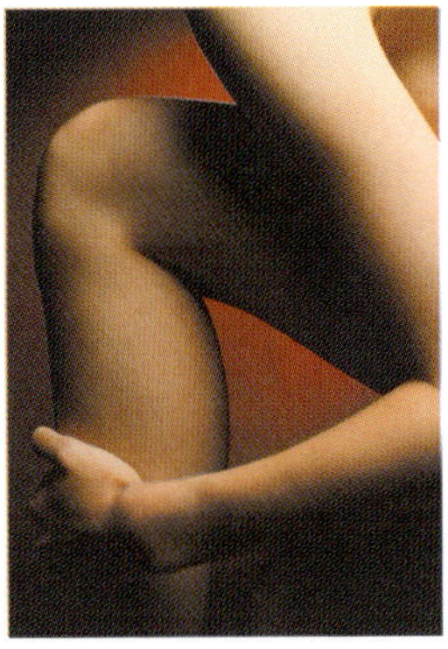

Die Bewegungen auf der Hautoberfläche aktivieren Stoffwechselleistung und Durchblutung sanft, aber überaus wirksam. Dadurch werden automatisch Schwere, Müdigkeit und Dumpfheit im Organismus verringert. Da dies aber gleichzeitig zu einer Überanregung des Vata-Dosha führen könnte, wird es dadurch ausgeglichen, dass der Abhyanga mit Kräuteröl durchgeführt wird. So wirkt das Streichen der Hände noch gleitender, sanfter und liebevoller.

Dies ist nicht nur deshalb so wichtig, weil Vata bei fast allen westlichen Menschen durch unsere unruhige und hektische Lebensweise im Übermaß wirkt, sondern auch, weil es das Dosha ist, das sich aufgrund seiner leichten Beweglichkeit am schnellsten aus dem Gleichgewicht bringen lässt. Ein gestörtes Vata kann mithin mehr Krankheiten verursachen als die anderen beiden Doshas. Das Ölen des gesamten Körpers hingegen fördert die Entspannung von Körper und Geist.

Umsichtig und liebevoll behandeln

Es gibt einen weiteren Grund, weshalb eine sanfte Behandlung der Hautoberfläche dringend geboten ist. Die Intelligenzimpulse, die den menschlichen Körper erschaffen (siehe S. 24ff.), verdichten sich auf einer sehr feinen Ebene unseres Körpers zu so genannten „verletzlichen Punkten", die im Sanskrit *Marmas* heißen.

Marmas

Die innere Intelligenz des Körpers hat eine sehr feine Verbindung zu unserer Körperstruktur und schafft Verbindungspunkte, in denen das Bewusstsein aus der Transzendenz direkt in den Körper einfließt.

Deren Hauptzentren liegen in der Mitte des Körpers und können durch verschiedene Yoga- und Bewusstseinstechniken (siehe S. 136ff.) belebt werden. Dies ist die sanfteste Möglichkeit, sie zu „berühren", um die ordnende Kraft des Bewusstseins für die körperliche und geistige Gesundheit zu nutzen.

Mehr als 100 weitere Punkte sind überall im Körper verteilt; sie liegen auch an der Hautoberfläche. Diese Transformationspunkte sind gegen äußere Einflüsse wie Druck und Verletzungen äußerst sensibel. Alle Punkte stehen überdies durch ein Netzwerk von Verbindungsbahnen in Beziehung miteinander. Wird einer von ihnen gedrückt oder verletzt, so gerät auch das gesamte Netzwerk, das dem geistigen Bauplan des Körpers zugrunde liegt, durcheinander.

Gut zu wissen

Sensible Punkte

Aus diesem Wissen heraus muss man überaus umsichtig bei der Berührung des Körpers sein. Dringt man etwa bei der Druckpunktbehandlung an einem verletzlichen Punkt mit spitzen Fingern tief ins Gewebe ein, so kann dies Störungen im Gesamtgefüge des Körpers nach sich ziehen, sodass das Bewusstsein nicht mehr ungehindert durch den Körper fließen kann.

Schmerzende Körperstellen verwöhnen

Sind wir angespannt, so schlägt sich dies nicht nur in unserem Geist und unserem Verhalten nieder, sondern lässt sich unmittelbar auch an unserem Körper ablesen, beispielsweise als Verspannung im Schulter-Nacken-Bereich oder anderen druckschmerzhaften Punkten innerhalb der Muskulatur.

Gut zu wissen

Anspannung = Verspannung

Auch stundenlange Computerarbeit oder Autofahren können solche Beschwerden erzeugen. In der dadurch überlasteten Muskulatur wird die Durchblutung verringert, sodass sich vermehrt Schadstoffe ablagern, die das Gewebe aufquellen lassen und zu schmerzhaften Verhärtungen führen können. Diese lokalen Überanstrengungen sind durch ungleichmäßige Beanspruchung entstanden, die am wirkungsvollsten und dauerhaftesten dadurch ausgeglichen werden, dass der Körper wieder an seine ganzheitliche Funktionsweise erinnert wird.

Daher behandelt das vedische Gesundheitsprogramm auch spezielle Störungen ganz bewusst so, dass die Impulse der inneren Intelligenz die betroffenen Bereiche wieder ins große Ganze einordnen können. Durch die gleichmäßige Belebung aller Hautbereiche und damit die Belebung der Ganzheit aller fein aufeinander abgestimmten Körperfunktionen durch den Abhyanga entspannen sich erfahrungsgemäß auch schmerzhafte Bereiche nach und nach.

Sanftes Streichen gegen Schmerzen

Ölen Sie sich daher von Kopf bis Fuß gleichmäßig ein und führen Sie im Anschluss die sanften Streichbewegungen des Abhyangas überall gleichmäßig und einfühlsam durch. Sollten Sie danach immer noch unangenehme Empfindungen spüren, können Sie diese Stellen gern noch einmal extra verwöhnen. Streichen Sie – je nachdem, wie es Ihnen behagt – mehrmals über diese Bereiche oder kreisen Sie einfach noch ein paar Mal darüber.

Gut zu wissen

Heilung braucht Zeit

Streichen Sie stets gleichmäßig mit der flachen Hand und erzeugen Sie niemals einen zusätzlichen Schmerz, indem Sie auf der entsprechenden Stelle „herumrubbeln" oder sie punktuell eindrücken. Festes Kneten und Massieren beschleunigt nicht den Durchtritt der Wirkstoffe des Öls durch die Haut.
Ganz im Gegenteil: Die Zellzwischenräume werden gequetscht, sodass das Öl eher schlechter in der Lage ist, überschüssige Schadstoffe an sich zu binden und abzutransportieren.

Damit die Heilenergien ungehindert fließen können, sollten bei einer Behandlung niemals Schmerzen auftreten. Denn Schmerzen unterbinden immer die Erfahrung von Ganzheit sowie die Integration von Körper und Geist und sollten daher grundsätzlich vermieden werden. Den auf eine gewaltsame Manipulation hin eintretenden Schmerz

oder Druck kann man als einen Hilfeschrei des Körpers ansehen, der zwar mit einer Mehrdurchblutung beantwortet wird, jedoch die Erfahrung der Ganzheit stört.

Überdies kann die einseitige Behandlung einzelner Bereiche niemals das gesamte Körpergefüge balancieren. Erinnern Sie sich an die Dermatome und die Head'schen Zonen? Über die Dermatome werden uns ständig und gleichzeitig von überallher Informationen über das Geschehen in unserem Körper und unserer Hautoberfläche gemeldet. Fließen die Bewegungen gleichmäßig beim Abhyanga, so ist die Rückmeldung immer: Es fließt, und es entsteht keine Unterbrechung in der Erfahrung der Ganzheitlichkeit. Widmen Sie jedoch, ohne die tieferen Zusammenhänge zu kennen, einzelnen Hautzonen zu intensive Aufmerksamkeit, so könnten Sie versehentlich die mit ihnen verbundenen Organe oder Nervenstränge überreizen und ein Ungleichgewicht der Körperfunktionen hervorrufen.

TIPP

Hören Sie bei der Eigenbehandlung einfach auf Ihr eigenes Gefühl und behandeln Sie sich grundsätzlich so, dass es Ihnen durch und durch angenehm ist.

Zusätzliche Behandlungen

Durch das wiederholte, sanfte Streichen des gesamten Körpers und die umstimmenden Wirkungen des Öls wird die körpereigene Intelligenz auf allen Ebenen des Körpers gleichmäßig und ausgewogen belebt. Ihr freies Fließen bewirkt, dass sich nach und nach auch die lokalen Anspannungen lösen. Falls Sie nach dem Ganzkörper-Abhyanga verspannte Bereiche extra behandeln, sollten Sie danach immer noch einmal den gesamten Körper als Ganzheit erfahren. Streichen Sie daher als Abschluss, als letzten Eindruck sozusagen nochmals kurz über alle Hautbereiche: Kopfhaut, Gesicht, Hals, Arme, Rumpf, Beine und Füße.

Wenn Ihnen die Auflösung schmerzhafter Bereiche auf diese Weise zu langsam vonstatten geht, können Sie den Heilerfolg beschleunigen, indem Sie im Anschluss an Ihre Ölbehandlung mit feuchter Wärme die verhärteten Bereiche zusätzlich lockern (siehe S. 123 f.).

INFO

Häufig lösen sich die restlichen Spannungen durch die zunehmende Beweglichkeit und Geschmeidigkeit des Körpers durch Yoga-Übungen oder die Erfahrung von noch tieferer Ruhe in der Meditation.

Das richtige Öl für jeden Typ

Das für den Abhyanga verwendete Heilkräuteröl muss höchsten Ansprüchen genügen: Es soll schließlich unsere innere Intelligenz beleben und dadurch die Leichtigkeit und Durchlässigkeit des Körpers erhöhen, die Lebendigkeit des Menschen verbessern und so zu vermehrtem Wohlbefinden, Vitalität und Freude im Leben führen. Führt man den Abhyanga regelmäßig durch, so hilft er sogar, die Gesundheit zu verbessern und die Lebensspanne zu verlängern.

Finger weg von Mineralöl

TIPP

Wenn Sie im Kaufhausregal ein „schonendes Hautpflegeöl“ beispielsweise mit Aloe vera, aber ohne detaillierte Inhaltsangabe finden, ist Vorsicht geboten: Hier handelt es sich höchstwahrscheinlich um eine für die Körperpflege aufbereitete Substanz aus der Erdölgewinnung.

Die meisten preiswerten Körperpflegeöle, bei denen keine näheren Angaben über die Inhaltsstoffe zu finden sind, basieren auf Mineralöl, sind also Nebenprodukte bei der Erdölgewinnung. Bei der Herstellung werden sie so raffiniert und verfeinert, dass sie einen neutralen Geruch und eine angenehme Konsistenz entwickeln. Auf der Haut bilden sie einen oberflächlichen Fettfilm und erzeugen ein weiches Gefühl, sind aber alles andere als gesund. Um diese Öle werbewirksamer an den Mann bzw. an die Frau zu bringen, setzt man vielen dieser Öle heutzutage Beimischungen aus dem Pflanzenbereich zu, was jedoch nichts an den schädlichen Eigenschaften der Hauptsubstanz ändert.

Gut zu wissen

Erdöl ist tote Substanz

Erdöl besteht aus vor Jahrmillionen abgestorbenen Meereslebewesen, dem Plankton. Es bildete zunächst Faulschlamm, der sich später unter dem Druck der darüber entstehenden Gesteinsschichten und hohen Temperaturen zu Erdöl zersetzte. Dieses wurde von der Natur bis zu 6000 Meter tief in der Erde begraben. Holen wir es aus diesen tiefen Erdschichten hervor, so stören wir also das Feingefüge der Natur empfindlich.

Darüber hinaus ist Mineralöl nicht mehr lebendig, denn es hat seit Jahrtausenden keine Sonnenenergie, keine Strahlkraft und keine lebendigen Impulse aus der Umgebung mehr aufnehmen können, die es an den Menschen weitergeben könnte. Im Gegenteil: Dieses schwarzbraune, übel riechende Gemisch aus Kohlenwasserstoffen muss chemisch destilliert werden, um seinen schwefligen Geruch loszuwerden. Es ist zudem so reaktionsträge, dass es sich bis heute nicht in den Prozess der Wiederumwandlung zu Erde eingegliedert hat.

Erdöl stellt heute die Ausgangsbasis für etwa 60 000 synthetisch hergestellte Chemikalien dar, die wir täglich benutzen, wie Joghurtbecher, Folien, synthetische Fasern in unserer Kleidung, Düngemittel, Chemikalien, Farbstoffe, Arzneimittel und unzählige andere Dinge. Diese Kunststoffe sind derart unnatürlich, dass sie nicht auf normalem Wege verrotten können – sie müssen verbrannt werden.

Dementsprechend nutzlos sind Mineralölprodukte auch für den menschlichen Stoffwechsel. Mineralöl ist unverdaulich und hat daher keinerlei Nährwert. Ganz im Gegenteil: Untersuchungen haben ergeben, dass etwa 60 Prozent des Mineralöls, die den Darm erreichen, ins Blut übertreten. Während dieses Öl im Blut zirkuliert, absorbiert es die Vitamine A, D, E und K und bindet sie, bis sie später mit dem Stuhl ausgeschieden werden. Auf diese Weise kann der Organismus nicht mehr auf sie zugreifen, sodass ein Mangel an diesen wertvollen Stoffen entsteht.

Mineralöl

Im chemischen Sinne handelt es sich bei Mineralöl gar nicht um Öl, denn es besitzt weder die typische Triglyceridstruktur wie die pflanzlichen Öle, noch enthält es Mineralien.

Wie jeder weiß, ermöglicht Vitamin A das Sehen in der Nacht und wird für Haut und Schleimhäute gebraucht. Das unter Einfluss von Sonnenlicht in der Haut gebildetete Vitamin D wiederum baut die Knochen auf, sodass ein Mangel daran Knochenschwund wie Osteoporose und Rachitis zur Folge hat. Fehlt dem Körper Vitamin E, so entstehen Blutarmut und Muskelschwäche: Dieser Vitalstoff wird für die Bildung der Zellkerne und Zellwände benötigt; er schützt ferner den Körper vor jeder Art von Alterungsvorgängen und unsere Leber vor einer Vielzahl schädlicher Substanzen wie Konservierungs- und Bleichmitteln, Nitriten aus Kunstdünger, Industriegiften und einer großen Menge anderer toxischer Stoffe. Vitamin K unterstützt die Blutgerinnung und schützt vor großen Blutverlusten bei Verletzungen.

Obwohl die schädliche Wirkung der Mineralöle nun schon seit mehr als 60 Jahren bekannt ist und Mediziner davor immer wieder gewarnt haben, finden solche „Öle" leider auch heute noch in der Baby- und Kleinkinderpflege, in Hautcremes, Sonnenöl, Lippenstiften und anderen Kosmetika weite Verbreitung.

INFO

Unverdauliche Mineralölrückstände können auch in andere Zellen eindringen und sich im Fettgewebe ablagern. Die meisten Erdölprodukte werden als hochgiftig für den menschlichen Körper eingestuft, da sie krebserzeugend sind und die Leber stark belasten.

Offiziellen Statistiken zufolge sind heute 30 Prozent unserer Kinder allergiegefährdet! Diesen erschreckenden Umstand lasten Fachleute neben dem bedenkenlosen Einsatz von Pestiziden und anderen Umweltgiften zum Großteil auch der reichlichen Verwendung von Petrochemikalien in Hautpflegemitteln an. Denn dies führt zu einer frühen Sensibilisierung gegen Mineralölprodukte der noch sehr durchlässigen Haut im Kleinkindalter.

Ideal für den Abhyanga: reine Pflanzenöle.

Die bessere Alternative: Reine pflanzliche Öle

Im Gegensatz zu den Mineralölen regen pflanzliche Öle den Stoffwechsel positiv an. Sie sind von der Molekularstruktur her dem Wesen der menschlichen Haut und dem gesamten Organismus näher. Daher können sie durch die verschiedenen Zellschichten der Haut wandern, werden sogar in die Zellen hineingeschleust und nehmen aktiv am Zellstoffwechsel teil. Aus Studien ist bekannt, dass sich nach einer längeren Einwirkzeit von Pflanzenölen auf der Haut feinste Öltröpfchen zunächst in den tieferen Hautschichten und später auch im Blut nachweisen lassen.

Gut zu wissen

Giftige Zusätze

Der Großteil der auf dem Markt angebotenen Kosmetika und Hautpflegeprodukte enthält Zusätze von giftigen Metallen, Konservierungsmitteln und anderen Chemikalien, die nicht selten Allergien auslösen und bei längerer Anwendungsdauer nachweislich zur Krebsentstehung beitragen können.

Menschen, die auf ein bestimmtes Produkt hin (noch) keine Allergien entwickeln, nehmen dessen Substanzen trotzdem über die Haut auf. Diese entfalten erst im Laufe der Jahre eine schädigende Wirkung im Körper, die man mit den Hautpflegeprodukten auf den ersten Blick nicht in Verbindung bringen würde.

Aus diesem Blickwinkel wird eine ayurvedische Faustregel nachvollziehbar: „Bring nur das auf die Haut, was du auch essen würdest!“

Pflanzliche Öle binden Toxine

Dass Öle überhaupt in den Organismus aufgenommen werden, liegt an der Beschaffenheit der Oberhaut, die mit einem Fett- und Wachsfilm aus den Talgdrüsen „beschichtet“ ist. Denn Fett ist nur in Fett lösbar, von Wasser hingegen wird es abgestoßen.

Unser Stoffwechsel funktioniert mithilfe zweier verschiedener chemischer Grundreaktionen, nämlich einerseits mit solchen, an denen Substanzen beteiligt sind, die in Wasser löslich sind, und zum anderen mit solchen, die sich in organischen Lösungsmitteln lösen und/oder sich an Fette binden. Logischerweise gibt es dazu auch zwei entsprechende Arten von Stoffwechselabbauprodukten: wasserlösliche Abbauprodukte, die mithilfe des Trägermediums Wasser aus den Zellen geschleust werden können (siehe S. 134), sowie fettlösliche Toxine.

Fettlösliche Toxine

Dazu gehören beispielsweise ein Großteil unserer Unkrautvertilgungs- und Schädlingsbekämpfungsmittel sowie Umweltgifte aus dem Wohnbereich und Autoabgase wie Blei und Kadmium. Auch das umstrittene Amalgam ist eine fettlösliche, quecksilberhaltige Metalllegierung.

Bietet man dem Körper nun ein geeignetes pflanzliches Öl an, das die Hautoberfläche durchdringt und aktiv am Zellstoffwechsel teilnimmt, so können auch fettlösliche Toxine aus den Körperzellen gelöst und ausgeschieden werden. Denn pflanzliche Öle bestehen aus einem Triglyceridanteil, an den drei reaktionsfähige Fettsäureketten gebunden sind. Die Moleküle dieser Fettsäuren dienen dabei als Trägersubstanz, an die sich fettlösliche Toxine anlagern, sodass sie in Verbindung mit ihnen die Zellen verlassen können. Dass sich dies tatsächlich so verhält, zeigt die folgende Krankengeschichte aus einem Maharishi-Ayurveda-Gesundheitszentrum.

Patientenbericht

Heilung bei Amalgamvergiftung

Eine 53-jährige Patientin litt seit vielen Jahren an Schwindelattacken, Ohrengeräuschen, Brummen und Gefühl von Dumpfheit im Kopf, Taubheitsgefühlen im Gesicht, Durchfällen, starken Gelenk- und Rückenbeschwerden, Schlafstörungen und Leistungsmangel. Durch die Vielzahl der jahrelangen Beschwerden war sie schwer depressiv geworden.

Erst nach vielen ergebnislosen Untersuchungen an mehreren Universitätskliniken diagnostizierte ein erfahrener Toxikologe eine schwere Amalgamvergiftung. Massive Schwermetallbelastungen wurden durch eine Reihe von Gewebeproben und Untersuchungen der Körperflüssigkeiten bestätigt. Selbst in der Gebärmutter und einer entfernten Warze fand sich Quecksilber.

Durch gezielte Quecksilberausleitung mit üblichen Verfahren hatten sich die Beschwerden zunächst gut gebessert; diese Art der Therapie konnte jedoch wegen allergischer Reaktionen der Patientin auf die Medikamente nicht fortgesetzt werden. Zwei Jahre später konnte sie wegen starker Gelenkschmerzen immer noch phasenweise nicht gehen und empfand ihre gesamte rechte Körperhälfte als taub. Nach einer Amalgamentfernung im Kieferbereich stellten sich alle ursprünglichen Beschwerden wieder ein.

Völlig verzweifelt unterzog sich die Patientin schließlich einer zweiwöchigen Ausleitungstherapie nach der Methode des Maharishi-Ayurveda. Im Anschluss daran war sie völlig beschwerdefrei – ein Zustand, der sich noch zwei Jahre später zu 80 Prozent gehalten hatte.

Was war geschehen? Die Patientin hatte Ganzkörperanwendungen unter sanft fließendem, gereiftem Heilkräuteröl erhalten. In dem verwendeten biologischen Sesamöl konnten nach Abschluss der Behandlung erstaunlich große Mengen Quecksilber nachgewiesen werden. Und was nicht minder beeindruckend war: Die vor dieser Behandlung mittels Magnetfeldresonanz nachgewiesenen Schwermetallablagerungen im Gehirn, die nach wissenschaftlicher Auffassung nicht abbaubar sind, waren zur größten Verblüffung des behandelnden Professors verschwunden – es zeigten sich keinerlei Ansammlungen von Quecksilber mehr. Offensichtlich hatten diese Rückstände während der intensiven Behandlung den Körper der Patientin ohne jedes Anzeichen einer Nebenwirkung verlassen. Besäße man nicht die Untersuchungsergebnisse und den Befund aus dem Behandlungsöl, so wäre dies so still und leise geschehen, dass niemand es bemerkt hätte. Und die Genesung der Patientin wäre „unerklärlich" gewesen.

Gut zu wissen

Umwelttoxine reduzieren

Unsere Umwelt ist heute durch vielfältige Chemikalien aus der Landwirtschaft, unserer Arbeits- und Wohnumwelt verseucht. Leider gelangen diese Stoffe in die Böden, über diese in Pflanzen und Tiere und werden schließlich vom Menschen als letztem Glied der Nahrungskette aufgenommen. Erschreckenderweise reichern sich die fettlöslichen Umweltgifte im Laufe eines Lebens zunehmend in den menschlichen Zellen an und verschlechtern unsere Abwehrlage. Sie verursachen Allergien, Hautprobleme, Leberschäden, Hormonstörungen, Unfruchtbarkeit, Krebs, Nervenleiden und viele andere schwere Erkrankungen.

In einer brandneuen Studie untersuchten Wissenschaftler nun das Blut von fünfzehn Personen vor und zwei Monate nach einer Maharishi Panchakarma-Anwendung. Bei dieser klassischen Kur erhalten die Patienten verschiedene Arten von Abhyangas, Ölgüsse und Dampfbäder sowie Öle und Einläufe, die sanft den Verdauungstrakt reinigen (siehe S. 139). Durch eine Behandlungsdauer von nur 12 Tagen verringerten sich die gemessenen fettlöslichen Umweltgifte um 46 bis 58 Prozent – ein Aufsehen erregendes Ergebnis, da

die natürliche Abbaurate dieser Substanzen um die gleiche Menge in der Regel viele Jahre umfasst oder überhaupt nicht erfolgt. Bei 48 über 45-jährigen Personen, die im Mittel bereits 18 Panchakarma-Kuren gemacht hatten, lagen die Werte für die Umweltgifte sogar bis zu 88 Prozent unter denen der Vergleichspersonen.
Die meisten von uns tragen heute giftige Substanzen in sich, von denen wir gar nichts wissen, die aber nichtsdestoweniger viele kleine und große Beschwerden hervorrufen. Lebensfreude und körperliche Gesundheit verbessern sich eindeutig bei regelmäßiger Anwendung des Abhyangas – selbst wenn wir nicht alle Substanzen im Detail kennen, die wir dabei aus ihrer Verankerung in den Zellen lösen und ausscheiden.

Geeignete Abhyanga-Basisöle

Für den Abhyanga sollten nur lebendige, unbehandelte pflanzliche Öle bester Qualität zur Anwendung kommen; sie können bei Bedarf mit verschiedenen Heilkräuterzusätzen noch verfeinert werden.

Die Zufuhr gerade dieser Öle ist für den menschlichen Körper und die Haut deshalb so wichtig, weil ein Mangel an Fett ebenso viele Schäden anrichten kann wie der Mangel an einem anderen Nährstoff. Um normal funktionieren zu können, müssen Nerven und Gehirn besonders mit großen Mengen an Fetten und fettartigen Substanzen versorgt werden. Die Hormone der Nebennieren und der Keimdrüsen etwa bestehen aus ganz bestimmten Fettarten. Ferner brauchen die Darmbakterien Fette, damit sie sich vermehren können und ihrer unterstützenden Aufgabe bei der Verdauung der Nahrung nachkommen können.

Es gibt eine Reihe essenzieller Fettsäuren, Fette, die der Körper also von außen aufnehmen muss, da er sie nicht aus Zucker selbst aufbauen kann; sie werden daher auch Vitamin F genannt. Die besten Quellen für essenzielle, lebensnotwendige Fettsäuren sind die seit Jahrtausenden im Ayurveda empfohlenen natürlichen Pflanzenöle. Tierische Fette hingegen liefern kaum oder gar keine essenziellen Fettsäuren.

INFO

Manchmal wird für die Behandlung der Hautoberfläche außerdem Ghee genommen, ein gereinigtes Fett, das durch Erhitzen aus Butter gewonnen wird. Andere tierische Fette werden für die Eigenbehandlung nicht empfohlen.

Gut zu wissen

Fette sind lebenswichtig

Fette liefern den Hauptbestandteil der Zellmembranen, also der Außenwand unserer Körperzellen. Sie bilden außerdem die Membranen der Mitochondrien – kleine Gebilde innerhalb jeder Zelle, die für den Stoffwechsel und die Zellatmung lebenswichtig sind.
Eine fettfreie Diät ruft also nach einiger Zeit bereits ernste Störungen hervor, da die Bausteine für die Zellmembranen fehlen. Und auch unsere Haut reagiert empfindlich, wenn es an essenziellen Fetten mangelt: Sie wird trocken, rau und schuppig, und Ekzeme bilden sich; ferner werden die Haare trocken, dünn und glanzlos und fallen aus.

Außerdem sind eine ganze Reihe von Vitaminen nur in Fett löslich, werden also bei Abwesenheit von Fett vom Körper kaum verwertet. So können die Vitamine A, E und K sowie das in der Haut gebildete Vitamin D nur in Gegenwart von Fettsäuren vom Körper optimal aufgenommen und nutzbar gemacht werden.

Versorgen wir unseren Körper auch über die Haut mit hochwertigen Ölen, die einen hohen Anteil an essenziellen Fettsäuren besitzen, so hat allein das schon einen vielfältigen gesundheitlichen Nutzen. Für den Abhyanga empfehlen sich besonders die folgenden wertvollen Pflanzenöle.

• Sesamöl

Es dringt besonders leicht in die Haut ein, erwärmt und regt den Stoffwechsel optimal an. Für die äußerliche Anwendung beim Abhyanga ist es das Öl der Wahl.

Gut zu wissen

Ein Loblied auf das Sesamöl

Sesamöl erwärmt den Körper am intensivsten von allen pflanzlichen Ölen. Es wird als das dünnflüssigste Öl sehr geschätzt, denn es kann leicht und tief in die Haut eindringen und wird vom Organismus besonders gut aufgenommen: „Sesam, öffne dich!“

Die positive Wirkung des Sesamöls auf den Zellstoffwechsel macht sich bereits nach dem allerersten Abhyanga bemerkbar: Sie fühlen sich wunderbar durchwärmt. Noch eine ganze Zeit lang im Anschluss an die Ölbehandlung ist der gesamte Körper von einer sanften Wärme belebt.

Sesamöl enthält mehr Linolsäure in Triglyceridform als andere Öle. Linolsäure ist eine essenzielle Fettsäure, die von außen zugeführt werden muss. Sie sorgt dafür, dass sich sowohl Bakterien als auch Pilze in Sesamöl nicht vermehren können. Daher wirkt es auch gegen Entzündungen.

Aber damit nicht genug: Wissenschaftliche Untersuchungen zeigen, dass Krebszellen in Gegenwart von Sesamöl ihr Wachstum verringern, während sich gesunde Körperzellen ungehindert weiter vermehren. Einen vergleichbaren Effekt legten übrigens auch Olivenöl und Kokosöl im Laborversuch an den Tag, während Mineralöl wirkungslos war. Die Wirkung der pflanzlichen Öle war so viel versprechend, dass ein Forscherteam zurzeit die Einsatzmöglichkeiten bei der Therapie von Hautkrebs, Dickdarmkrebs und Zahnfleischerkrankungen untersucht. Bei einer entsprechenden Untersuchung an Melanom-Hautkrebszellen entfaltete nur Sesamöl einen krebshemmenden Einfluss; Oliven-, Kokos- und Mineralöl blieben wirkungslos.

Verschiedene Studien ergaben außerdem, dass das im Sesamöl enthaltene Sesamin den Cholesterinspiegel in Blut und Leber deutlich verringert sowie die Leber gegen die zerstörerischen Einflüsse von Alkohol und Tetrachlorkohlenstoff schützt.

Als reichhaltige Quelle mehrfach ungesättigter Fettsäuren fängt Sesamöl außerdem hochwirksam freie Radikale ab. Dabei handelt es sich um sehr aggressive Sauerstoffmoleküle, die als normale Stoffwechselabbauprodukte anfallen. Durch Umweltverschmutzung, Pestizide, künstliche Düngemittel, synthetisch hergestellte Medikamente, Stress, veränderte Nahrungsmittel, Alkohol und Nikotin sowie übermäßige Sonnenbestrahlung der Haut entstehen sie im Stoffwechsel und werden heutzutage zusätzlich im Übermaß in den Körper eingeschleust. Dort greifen sie körpereigene Substanzen an und werden daher von der modernen Medizin als die Hauptursache

आयुर्वेद

„Sesamöl besitzt einen süßen und etwas herben Geschmack. Es erwärmt, dringt leicht in die feinen Kanäle des Körpers ein und wird gut absorbiert; es stärkt Pitta- und Kapha-Qualitäten und ist daher das beste Mittel, um Vata zu beruhigen und Kraft zu gewinnen; es ist eine Wohltat für die Haut und stärkt Intellekt, Appetit und Verdauung. In alten Zeiten benutzten es die Könige, um Müdigkeit, Altern und Krankheiten sowie ihre Feinde im Kampf zu besiegen.“ (Charaka-Samhita, Sutrasthanam XXVII, 286)

Sesamkörner

für das Entstehen von Arterienverkalkung, Asthma, Allergien, Gelenkverschleiß, Rheuma, Krebs sowie allen Alterserscheinungen betrachtet.

Die Zellwände enthalten durch freie Sauerstoffradikale beschädigte Moleküle, die so genannten Lipidperoxide, also chemisch veränderte Fettsäuren. Man fand in verschiedenen Untersuchungsreihen heraus, dass Sesamöl ebenso wie geklärtes Butterreinfett, Ghee, der Zellmembran intakte Moleküle liefern kann, um die geschädigten zu ersetzen, und sogar tief im Inneren des Körpers wieder aufbauend wirken kann. Außerdem ist Sesamöl das gegenüber den schädigenden Wirkungen der freien Radikale widerstandsfähigste Pflanzenöl.

All diese Vorteile des Sesamöls können Sie auch für sich selbst nutzen, wenn Sie den Abhyanga möglichst täglich, mindestens aber regelmäßig über einen längeren Zeitraum durchführen. Dann werden Sie feststellen, dass das Sesamöl unseren Körperzellen wunderbare Reparaturmoleküle zuführt, die den Alterungsvorgang verzögern und einen Großteil der schädlichen Einflüsse unserer modernen Zivilisation mit all ihren Folgeerscheinungen abwehren helfen.

Olivenöl

INFO

Olivenöl ist der beste Radikalenfänger unter den pflanzlichen Speiseölen und weist die für den Körper optimale Mischung an ungesättigten und gesättigten Fettsäuren auf.

Olivenöl ist ein gutes pflanzliches Öl und eine hervorragende Alternative, wenn Sesamöl nicht gut vertragen wird oder zu sehr erhitzt. Daher ist es für die heiße Jahreszeit oder für Menschen mit Pitta-Störungen – wie Brennen der Haut, Schwitzen oder Ungeduld und Reizbarkeit – gut geeignet.

Darüber hinaus verringert Olivenöl das „schlechte“ LDL-Cholesterin, erhöht das „gute“ HDL-Cholesterin, verdünnt das Blut, senkt den Blutdruck und enthält außerdem chemische Stoffe, die Krebsgeschehen entgegenwirken und den Alterungsvorgang verzögern.

Mandelöl

Es empfiehlt sich für besonders sensible, nervlich zartbesaitete Menschen, es gleicht Vata aus und beruhigt. Jedoch dringt es weniger gut als Sesamöl in die Haut ein, ist etwas schwerer und weniger stoffwechselanregend.

- **Kokosöl**

Dieses Öl ist das kühlendste aus dem Pflanzenreich. Sein Schmelzpunkt liegt bei Zimmertemperatur; daher ist es nur in fester Form, als Kokosfett, erhältlich. Bei Berührung mit der warmen Hand schmilzt dieses jedoch sofort. Kokosöl verwendet man bei starken Pitta-Störungen oder zum Abkühlen bei äußerer Hitze.

Kokosnuss

- **Sonnenblumenöl**

Es bietet sich als Ersatz an, falls Sesamöl die Haut reizen sollte – was allerdings relativ selten vorkommt. Sonnenblumenöl ist vergleichsweise mild, aber auch nicht besonders stoffwechselaktiv.

Das Verfeinern des Öls

Wenn Sie also Pflanzenöl für Ihren Abhyanga verwenden wollen, sollten Sie möglichst zu unbehandeltem, kalt geschlagenem Sesamöl aus der ersten Pressung greifen. Sollten Sie damit nicht gut zurechtkommen, probieren Sie alternativ eines der anderen Öle aus. Doch gleichgültig, welches Öl Sie nehmen: Seine Wirkungen werden sich intensivieren, wenn Sie es vor Gebrauch reifen. Dazu müssen Sie es zunächst auf etwa 100 Grad Celsius erhitzen, indem Sie folgende Schritte beachten:

- Erhitzen Sie das Öl auf die Siedetemperatur von Wasser – sicherheitshalber bei kleiner Hitze.
- Geben Sie zu Anfang einen Tropfen Wasser in den Topf – aber bitte nicht mehr, sonst spritzt das Wasser mit einer großen Menge Öl aus dem Topf, wenn es heiß ist! Bei etwa 100 Grad Celsius zerplatzt dieser Tropfen hörbar (ähnlich den Maiskörnern bei der Popcornherstellung).

Sie können die Temperatur natürlich auch mit einem Thermometer kontrollieren, das für entsprechende Temperaturen ausgelegt ist. Solche Messinstrumente sind jedoch erfahrungsgemäß in der Anschaffung recht teuer und in Privathaushalten eher unüblich.

Gut zu wissen

Vorsicht!

Da alle Öle leicht brennbar sind, beachten Sie bitte entsprechende Sicherheitsvorkehrungen. Vermeiden Sie hohe Temperaturen und bleiben Sie am besten dabei, während Sie das Öl erhitzen. Sobald das Öl die gewünschte Temperatur erreicht hat, nehmen Sie es von der Kochplatte und lassen es an einem sicheren Platz abkühlen. Sollte sich das Öl dennoch überhitzen – was Sie daran sehen, dass es zu dampfen beginnt –, ist es für die Haut nicht mehr geeignet: Denn ab 110 Grad werden die im Sesamöl enthaltenen essenziellen, ungesättigten Fettsäuren in gesättigte umgewandelt und damit ihrer besonderen Heilwirkungen beraubt. Lassen Sie in diesem Fall das unbrauchbare Öl abkühlen und verwenden Sie es nicht mehr weiter.

INFO

Bereits die im 12. Jahrhundert geschriebenen Texte des Sharngadhara *betonen, dass unzureichendes Kochen des Abhyanga-Öls zu Dumpfheit, Lethargie und sogar zu Störungen im Stoffwechsel führen kann. Verwenden Sie ungereiftes Öl beim Abhyanga, so können sich daher die positiven Wirkungen entweder nicht einstellen, oder das Öl kann sogar zu einer Belastung des Stoffwechsels mit Anzeichen von Ama (siehe S. 43 ff.) führen.*

Mit dem Wissen unserer modernen Chemie können wir heute die Notwendigkeit des Reifens gut nachvollziehen. Durch das Erhitzen ändern die Fettsäuren nämlich ihre chemische Struktur. Infolge der intensiven Wärmezufuhr beim Reifungsprozess entstehen so genannte Lignane, von denen das Sesamol das berühmteste ist. Es wirkt auch am stärksten antioxidativ, was bedeutet, dass es unsere Zellen vor dem zerstörerischen Werk der freien Sauerstoffradikale bewahren hilft. Das Faszinierende ist, dass sich durch das Reifen der Gehalt an Lignanen vom Typ des Sesamols um ein Vielfaches vermehrt.

Das Erhitzen ist auch deshalb so wichtig, weil Moleküle gleich welcher Art beim Erwärmen auseinander rücken. Die Fettsäureketten werden dadurch beweglicher, das Öl also geschmeidiger und dünnflüssiger. So kann es leichter in die Haut aufgenommen werden – eine wichtige Voraussetzung für die Wirksamkeit des Abhyangas. Denn für größere Molekülgruppen stellt die Zellschicht zwischen Hornschicht und Oberhaut eine unüberwindliche Barriere dar; kleinere Moleküle hingegen können diese leicht überwinden und alle Hautschichten durchdringen, bis sie schließlich ins Blut gelangen. Deshalb zieht gereiftes Öl besser in die Haut ein und kann auch innerhalb der Zellen des Körpers optimal genutzt werden, um fettlösliche Toxine an sich zu binden.

Übrigens: Die Wirkung des Reifens verliert sich bei längerem Stehenlassen nicht. Auch dies kann die moderne Chemie begründen: Haben sich die Lignane erst einmal gebildet, so ist dieser positive Effekt von Dauer. Sie können daher den gesamten Inhalt einer Flasche oder Dose auf Vorrat aufbereiten, ohne die Prozedur vor jeder Ölanwendung wiederholen zu müssen.

Sollte Ihnen das Reifen zu Hause zu umständlich sein, so können Sie bei entsprechenden Anbietern auch bereits gereiftes Sesamöl erwerben (siehe Bezugsquellen im Anhang). Dieses bereits aufbereitete Sesamöl wärmen Sie ohne weitere Vorbereitung leicht an und tragen es direkt auf.

INFO

Ein Liter Sesamöl reicht bei einem Erwachsenen – abhängig von Körpergröße und Leibesumfang – für durchschnittlich 20 Ganzkörperölbehandlungen. Benutzen Sie jedoch keinesfalls geröstetes Sesamöl aus dem Feinkostladen: Diese Öle sind überhitzt und für den Abhyanga nicht mehr geeignet.

Gut zu wissen

Woran Sie gereiftes Sesamöl erkennen

Den Unterschied zwischen naturbelassenem und gereiftem Sesamöl können Sie leicht selbst herausfinden: Ölen Sie einen Unterarm mit ungereiftem Sesamöl und den anderen mit gereiftem Öl ein und beobachten Sie, wie lange der Fettfilm jeweils auf der Hautoberfläche zu spüren ist. Aller Erfahrung nach dürfte das gereifte Öl lange vor dem naturbelassenen eingezogen sein.

Am besten füllen Sie das gereifte Sesamöl nach dem Abkühlen in eine handliche Glasflasche mit schmalem Hals, damit es beim Auftragen des Öls auf die Haut nicht spritzt.

Heilkräuterzusätze

Will man den Organismus in ein harmonisches Gleichgewicht bringen, so kann man dies äußerst wirkungsvoll mithilfe von Heilkräuterzusätzen erreichen, die den pflanzlichen Ölen beigefügt werden.

Alles in der Schöpfung wird durch das intelligente Zusammenspiel der drei Doshas gesteuert. Auch die verschiedenen Öle sowie die für besondere Wirkungen benutzten Heilkräuter sind demnach nichts anderes als reines Bewusstsein, das sich selbst in Schwingung versetzt. Die besonderen Eigenschaften der Heilkräuter, ihr Aussehen und ihr Geschmack werden davon bestimmt, welche der drei Doshas in ihrer Natur am stärksten wirken. Folglich hat damit jedes Heilkraut einen Einfluss auf die Doshas des Menschen, der sie über die Haut aufnimmt.

Gut zu wissen

Die Ernte der Heilpflanzen

Bei der Zubereitung qualitativ hochwertiger Öle werden alle in den klassischen Ayurveda-Texten überlieferten Verfahren aufs Sorgfältigste beachtet, um die Heilkraft der Heilpflanzen zu verstärken. Dazu gehört beispielsweise der ausgesuchte Standort einer Heilpflanze – viele Heilpflanzen werden in entlegenen Himalaja-Gebieten geerntet. Man sammelt nur wenige, im Hinblick auf besonders intensive Heilwirkungen ausgewählte Blätter und Pflanzenteile einer Pflanze per Hand, was den positiven Nebeneffekt hat, dass die Pflanze als Ganzes am Leben bleiben kann. Die Jahreszeitenzyklen werden berücksichtigt, bei manchen Heilpflanzen gelten sogar nur wenige Tage des Jahres als optimal für die Ernte, da sie dann über die stärkste Wirkstoffkonzentration verfügen. Selbst die Ausrichtung der Fabrikgebäude, in denen die Heilkräuter zu Ölen verarbeitet werden, richtet sich nach den vedischen Empfehlungen, die positiven Einflüsse der Himmelsrichtungen von Häusern für die Verstärkung der Heilwirkungen zu nutzen.

Die Kraft der Pflanzen

Die Rishis – sowohl die der alten vedischen Zeiten als auch die heutigen – können direkt mit den Pflanzen in Verbindung treten und auf der allerfeinsten Daseinsebene, der Ebene der reinen Intelligenz der Natur, die spezifische Klangstruktur einer Heilpflanze wahrnehmen.

Sie sehen, dass beispielsweise die Blüten einer bestimmten Heilpflanze mit den Augen, die Blätter mit dem Kreislauf und die Samen mit der Verdauung korrespondieren. Mit einem verfeinerten Bewusstsein lassen sich anhand dieses Klangmusters bestimmte Pflanzenteile einem nicht mehr richtig arbeitenden menschlichen Organ oder Körperteil zuordnen, dem genau dieser Intelligenzimpuls fehlt. Verordnen die Rishis den richtigen Pflanzenteil, so erzeugt das Intelligenzmuster der Pflanze eine Resonanz in dem gestörten Organ, eine äußerst sanfte Heilwirkung, durch die der Körper mühelos und ohne Nebenwirkungen in seine frühere, ungestörte Funktionsweise zurückgleiten kann.

Die Zusammenstellung von Heilkräuterzusätzen setzt sehr viel Erfahrung und großes Fachwissen in der Pflanzenheilkunde voraus. Aus diesem Grund findet man in den Heilkräuterzubereitungen des vedischen Gesundheitsprogramms fast immer Kombinationen verschiedener Heilpflanzen. Diese sind so aufeinander abgestimmt, dass alle spezifischen Wirkungen der einzelnen Pflanzen, die die Ausheilung bestimmter Krankheiten unterstützen sollen, zusammen eine ganzheitliche Wirkung auf Körper und Geist erzeugen und damit ohne Nebenwirkungen sind. Alle Präparate tonisieren und stärken den Gesamtorganismus, regen Stoffwechsel und Aufnahme der Nahrung im Verdauungstrakt an und verjüngen und balancieren die geistige Verfassung, indem alle Doshas gleichzeitig angesprochen werden.

Ein Mensch, der aufgrund großer Sorgen nicht mehr gut schlafen kann, sollte sein Vata-Dosha beruhigen. Beruhigende Heilkräuter wie Baldrian würde ein ayurvedischer Heilkundiger beispielsweise durch Heilpflanzen ergänzen, die das Verdauungsfeuer anregen, damit der Patient mehr Kraft gewinnt; er würde weitere hinzufügen, die den Organismus und insbesondere das Nervensystem stärken, damit Körper und Geist sich nach und nach regenerieren und normalisieren und bald wieder ohne einschlaffördernde Substanzen auskommen.

INFO

Das Grundprinzip der vedischen Literatur ist es, immer zunächst die Ganzheit zu beleben und auf dieser Grundlage die Plattform dafür zu schaffen, dass spezielle Störungen sich wieder in das große Ganze einordnen können.

Pflanzliche Ergänzungen

Meist sind eine ganze Reihe von Heilkräutern für eine natürliche, optimale Komposition nötig, um zu garantieren, dass es auch wirklich ein rundherum ausgewogenes Präparat wird.

Die Herstellung von Heilkräuterölen

INFO

Die große Kunst des vedischen Gesundheitsprogramms ist es, die Verbindung der Materie zu ihrem Bewusstseinswert wiederherzustellen. Durch das aufwändige Herstellungsverfahren der Öle ordnen sich seine inneren Strukturen, was tatsächlich messbar die medizinischen Heilwirkungen verstärkt.

Ayurveda-Heilkundige können den Abhyanga als einen bewährten Baustein in der Therapie aller Dosha-Störungen und sogar bei der Behandlung chronischer Krankheiten einsetzen. Dabei nutzen sie die Heilkraft speziell ausgewählter Heilkräuter, die mit dem Öl tief in die Haut, unser größtes Organ, einziehen und die vielfältigen Funktionen des Körpers in die gewünschte Richtung umstimmen. Da es Hunderte verschiedener Rezepturen für Heilkräuteröle gibt, müssen diese von einem Ayurveda-Arzt nach genauer Untersuchung des Patienten und seiner Störungen ausgewählt werden.

Die Zubereitung von Heilkräuteröl ist eine so aufwändige Prozedur, dass sie in der Küche zu Hause nicht durchgeführt werden kann. Riesige Kessel und Töpfe sind dazu nötig, teilweise auch besondere Verfahren der Hitzeerzeugung, die – um die besten Wirkungen zu erzielen – besonders schonend sein müssen. Die Substanzen der Pflanzen werden durch Abkochungen in großen Wassermengen, durch das stundenlange Mitkochen in einem Wasser-Öl-Gemisch oder durch die Beigabe von Milch verfeinert, bis sie ihre Heilwirkungen schließlich an das Öl abgegeben haben.

• Aufwändige Herstellung – optimale Heilkraft

Rohes Sesamöl enthält lediglich Spuren von Sesamol, dem stärksten Lignan gegen Freie Radikale. Durch die Einwirkung von Hitze und Wasser werden die Fettsäuren des Sesamöls jedoch weiter gespalten. Man kocht beispielsweise 128 Liter Wasser und 16 Kilogramm Heilkräuter mit 4 Litern Sesamöl für viele Stunden – so lange, bis das gesamte Wasser verdampft ist. Dadurch entstehen knapp 5 Milligramm Sesamol pro 100 Gramm Sesam-

Die wertvollen Bestandteile des Öls lassen sich nur durch stundenlanges Kochen gewinnen.

öl, die – je länger und intensiver das Öl nach dem Kochen noch schonend gereift wird – sich bis auf 18 Milligramm pro 100 Gramm erhöhen lassen. Eine geballte Ladung Heilkraft gegen freie Radikale!

Der lange Kochvorgang hat einen doppelt positiven Effekt. Zum einen nimmt das Sesamöl die Heilqualitäten und Substanzen aus der wässrigen Lösung auf, und zum anderen bindet das gleichzeitig in großen Mengen entstandene Sesamol freie Sauerstoffradikale in unserem Körper und hilft, ihn so vor allen Arten von Entzündungen zu schützen sowie vor Allergien, Krebs, Arterienverkalkung, Gelenkverschleiß, grauem Star und vielen anderen Alterungserscheinungen.

Diese qualitativ hochwertigen Öle sind bereits auch in Europa zu erwerben, und zwar als Fertig-Abhyanga-Öle mit Kräuterzusätzen für den Ausgleich von Vata-, Pitta- und Kapha-Störungen sowie mit Heilkräuterzusätzen, die verschiedene Beschwerden lindern helfen (Bezugsquellen siehe Anhang). Diese Heilkräuteröle wurden schon gereift, sodass Sie sie nur kurz vor der Behandlung auf Körpertemperatur zu erwärmen brauchen (siehe S. 83 ff., 99).

आयुर्वेद

„Die Herstellung von Kräuterölen sollte nicht an einem Tag beendet werden. Je länger die Zubereitungsdauer, desto besser nimmt das Öl die Eigenschaften und die Heilkräfte der Heilkräuter auf.“ (Sharngadhara-Samhita, Madhyakhanda IX, 17-19)

आयुर्वेद

„In richtiger Kombination und Verarbeitung mit anderen Heilkräutern vermag das Sesamöl jede Krankheit zu vertreiben.“ (Charaka-Samhita, Sutrasthanam XXVII, 286)

Abhyanga-Öl für Gesunde

Für die Erhaltung und Steigerung der Gesundheit sowie zur Vorbeugung von Krankheiten hat kalt gepresstes Sesamöl, das Sie zu Hause reifen können, gute, balancierende Wirkungen. Denn es liefert dem Körper schon allein aufgrund seiner öligen Konsistenz ein gutes Kapha, es entspannt und beruhigt Vata, schützt und nährt die Haut und bewahrt den Körper aufgrund seines hohen Gehalts an Lignanen vor den aggressiven Wirkungen der freien Sauerstoffradikale. Gleichzeitig stärkt es Pitta. Es aktiviert zudem Agni, die Verdauungskraft, über die Haut und entgiftet über Reflexwirkungen den gesamten Organismus, sodass mehr Ojas fließen kann.

TIPP

Bei Menschen, deren Haut schon von Natur aus viel Pitta enthält, kann gereiftes Sesamöl manchmal zu Juckreiz führen. In diesem Fall behandeln Sie sich besser mit Kokosöl oder Olivenöl oder wechseln zwischen Sesamöl und einem anderen für den Abhyanga geeigneten Öl ab (siehe S. 80 ff.).

Die richtige Temperatur

TIPP

Hören Sie auf die Stimme Ihrer inneren Intelligenz und wählen Sie die Temperatur des Abhyanga-Öls nach Ihrem persönlichen Feinempfinden: Das Öl sollte so warm sein, wie es Ihnen am angenehmsten ist. Sie sollten sich während des Abhyangas immer wohlig durchwärmt fühlen und niemals frieren.

Doch nicht nur das Abhyanga-Öl selbst können Sie danach auswählen, ob Vata, Pitta oder Kapha in Ihrer momentanen Verfassung vorherrscht. Auch die Temperatur des Öls sollten Sie im Hinblick auf ihren Konstitutionstyp variieren.

• Vata

Treffen auf Sie viele Vata-Merkmale zu, so werden Sie höchstwahrscheinlich das Öl am liebsten sehr warm mögen – denn so gleicht es die Kälte Ihrer Haut aus und bringt Ihren unregelmäßigen Stoffwechsel in Schwung.

• Kapha

Stellen Sie hingegen viele Anzeichen von Kapha bei sich fest, so brauchen Sie zur Belebung Ihres Stoffwechsels ebenfalls Wärme. Ihr bedächtig arbeitender Körper und Geist reagieren dadurch schneller, der Abbau von Toxinen wird beschleunigt.

• Pitta

Zu große Hitze würde allerdings einen Menschen mit einem Pitta-Überschuss aus dem Gleichgewicht bringen. Sein ohnehin schon gesteigerter Stoffwechsel braucht in diesem Fall durch die Öltemperatur nicht zusätzlich auf Trab gebracht zu werden. Temperieren Sie das Öl auf Handwärme oder – je nach Jahreszeit – kurz darüber.

Wie viel Öl für welchen Typ?

Um die Doshas optimal auszugleichen, ist nicht nur die Art des Kräuteröls und seine Temperatur, sondern auch die verwendete Menge von Bedeutung.

Vata

Da die Vata-Haut trocken, manchmal sogar rau ist, tragen Sie ruhig reichlich Öl auf die einzelnen Hautbereiche auf. Die Vata-Haut nimmt erfahrungsgemäß besonders viel Heilkräuteröl auf.

Da durch die ölige Konsistenz Vata generell beruhigt wird, lindert die Menge des Öls nicht nur die Trockenheit der Haut, sondern hat auch allgemein einen sehr entspannenden und beruhigenden Effekt auf Körper und Geist.

Nachfetten

Wollen Sie Ihr Vata ausgleichen, so fetten Sie auch während der Behandlung noch einmal nach, wenn Ihre Hände beim Streichen eine Reibung verspüren. Die Hände sollten völlig ohne Widerstand sanft über die Haut gleiten – es darf gern „glitschen".

Kapha

Im Gegensatz dazu braucht die ohnehin leicht rückfettende Kapha-Haut deutlich weniger Öl. Mit einer nur geringen Ölmenge entsteht ein leicht reibender, trockener und belebender Einfluss durch die Handbewegungen, wodurch der Stoffwechsel zusätzlich aktiviert wird und Zellen und Gewebe sich leichter entgiften.

Pitta

Die Ölmenge für Menschen mit einem hohen Pitta-Anteil liegt etwa zwischen der reichlichen Ölmenge und der knapp bemessenen bei Kapha. Dieser Typ braucht nicht ganz so viel Entspannung und Beruhigung wie der Vata-Typ und keine so große Stoffwechselaktivierung wie der Kapha-Typ.

Der Druck der Hände

Vata

Soll die Ölbehandlung einen Ausgleich für Ihr überreiztes Nervensystem bringen, sind Sie zu angespannt und möchten mehr Energie für den Tag, so ist ein äußerst sanfter, zarter Druck der Hände beim Streichen des Öls genau richtig. Vata gleichen Sie durch besonders schonende, fast streichelnde Bewegungen während des Abhyangas aus. Streichen Sie besonders langsam und besonders ruhig und folgen Sie der Strichrichtung von oben nach unten, also mit der Wuchsrichtung der Körperbehaarung. So gewöhnen Sie den unregelmäßig funktionierenden Vata-Stoffwechsel an einen gleichmäßigen, entspannenden Rhythmus, dem er sich als Vorbereitung für den Tag anpassen kann.

Gut zu wissen

Mehr Energie durch Vata-Ausgleich

Nach einer solchen Behandlung fühlen Sie sich beruhigt und ausgeglichen, Ihre Gelenke sind beweglicher, knacken und knirschen weniger. Ihr Selbstvertrauen ist ausgeprägter, und Sie bleiben auch tagsüber gelassener. Da der Stoffwechsel gleichmäßiger funktioniert, werden Sie auch am Nachmittag in der Regel weniger müde, wenn Menschen mit einer Vorherrschaft von Vata häufig ihren Tiefpunkt haben.

Kapha

Stark, aber nicht zu stark

Ein solcher Abhyanga weckt Sie auf, macht Sie frisch und lebendig, klärt Ihren Geist und erhöht die Beweglichkeit Ihres Körpers. Achten Sie aber darauf, dass auch Kapha-Menschen durch eine allzu heftige Durchführung aus dem Gleichgewicht kommen können.

Je fester der Druck ist, mit dem Sie Ihre Handbewegungen ausführen, desto nachhaltiger aktivieren Sie den Stoffwechsel der Haut und damit indirekt der inneren Organe. Drücken Sie bei der Behandlung sanft, aber angenehm fest, wenn Sie sich abgeschlagen und „verschlackt" fühlen und Stoffwechselabbauprodukte besonders effektiv aus dem Organismus schleusen möchten. Zur Verstärkung dieses Effekts können Sie die Handbewegungen ruhig, aber zügig durchführen – je schneller Sie nämlich streichen, desto stärker aktivieren Sie auch Ihren Organismus.

Pitta

Der Druck und die Geschwindigkeit für Pitta-Personen liegt naturgemäß etwa zwischen den Empfehlungen für Vata und Kapha.

Als Mensch mit einer Pitta-Dominanz führt Sie der Abhyanga meist zu emotionaler Ausgeglichenheit; nach und nach werden auch brennende Körperempfindungen nachlassen, und Ihr eher ungezügelter Eifer bei allen Dingen des Lebens wird einer entspannten Ausgeglichenheit weichen.

Der kleine Unterschied: Abhyanga bei Frauen und Männern

Der Abhyanga sollte bei Damen tendenziell sanfter ausfallen, bei Herren darf er dagegen gern etwas kräftiger durchgeführt werden. Berücksichtigen Sie trotzdem Ihre individuelle Grundkonstitution und Ihr persönliches Feinempfinden.

Außerdem wird eine unterschiedliche Seitenbetonung beim Abhyanga empfohlen: Werden bei der Anwendung Arme und Beine mit Öl eingestrichen und anschließend behandelt, so beginnen Damen jeweils mit dem linken Arm oder Bein, Herren mit dem rechten; bei den nachfolgenden Streichbewegungen können sie dies ebenso halten oder aber die Beine parallel behandeln, wie es im nächsten Abschnitt beschrieben ist.

Diese traditionelle Vorgehensweise trägt offenbar der unterschiedlichen Ausrichtung des männlichen und weiblichen Nervensystems Rechnung. So haben Forscher entdeckt, dass Frauen im Allgemeinen stärker die linke Gehirnhälfte, Männer die rechte benutzen. Das erklärt alltägliche Beobachtungen: Frauen denken ganzheitlicher, intuitiver, sind sprachbegabter – stützen sich also mehr auf die rechte Gehirnhälfte. Männer hingegen sind verstandesbetonter, sachlicher und nutzen damit die analytischen Gehirnfähigkeiten stärker, also die Funktionen der linken Gehirnhälfte. Auf diese Weise unterstützt und ordnet der Abhyanga die natürlichen Tendenzen des weiblichen und männlichen Nervensystems.

INFO

Die betontere Körperseite ist bei Frauen die linke, bei Männern die rechte. Diese geschlechtsspezifischen Feinheiten berücksichtigt der Abhyanga, indem man Frauen zuerst mit der Behandlung der linken Körperhälfte beginnen lässt, während es bei den Männern umgekehrt die rechte Körperseite ist.

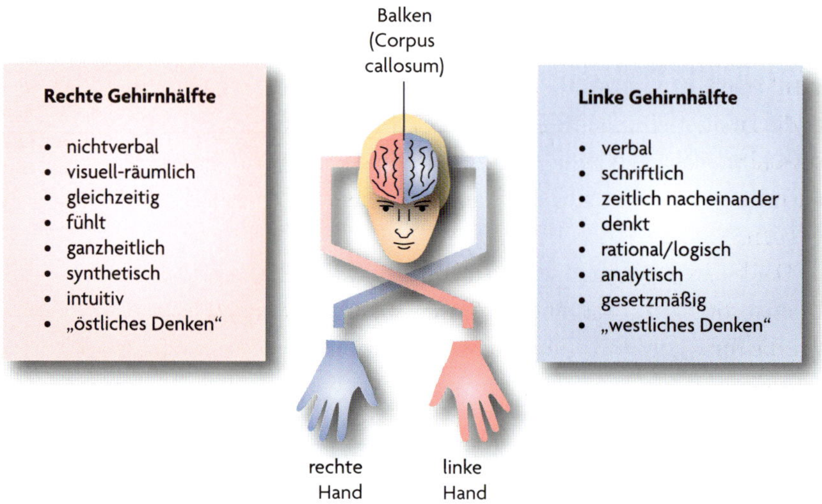

Die Nervenbahnen aus dem Großhirn kreuzen vor dem Eintritt in das Rückenmark auf die andere Körperhälfte.

Beide Hände gleichen aus

Eine ideale Wirkung des Abhyangas erreichen Sie, wenn Sie an Kopf, Rumpf und Beinen beide Handbewegungen möglichst in Übereinstimmung zueinander fließen lassen. Streichen Sie mit der rechten Hand beispielsweise an der Außenseite des rechten Oberschenkels vom Hüftgelenk zum Knie vor und zurück, so können Sie die gleiche Bewegung parallel dazu mit der linken Hand auf der Außenseite des linken Oberschenkels durchführen.

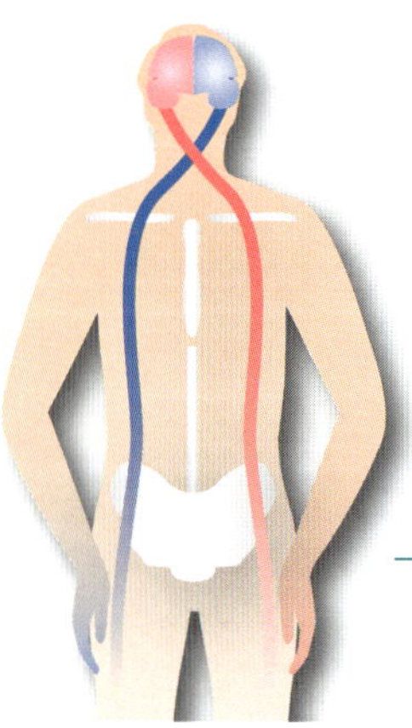

Die Streichbewegungen beider Hände – mit synchronen Bewegungen durchgeführt – beruhigen und beleben die Tätigkeit des gesamten Gehirns.

Dabei regen die Streichbewegungen der einen Hand die zugehörige Gegenseite der Gehirnrinde an, während die synchron dazu ausgeführten Bewegungen der zweiten Hand auf der anderen Körperseite die zweite Gehirnhälfte ebenfalls beleben. Der Impuls geht dabei sowohl von den aktivierten Nervenzellen in den Handflächen aus als auch von denen, die durch die Streichbewegungen der Hände belebt werden.

Dank dieses Vorgangs arbeiten beide Gehirnhälften in größerer Übereinstimmung, was einen tiefen Entspannungszustand erzeugt, wie die Forschung weiß. Entgiftung und Harmonisierung von Körper und Geist gehen daher bei dem auf diese Weise durchgeführten Abhyanga buchstäblich Hand in Hand. Dadurch kann unsere innere Intelligenz den Organismus noch mehr ausgleichen, was zu gesteigerter Lebensfreude, wachsender Kreativität und harmonischeren Beziehungen führt.

Parallele Handführung

Diese spezielle Art, die Hände seitengleich zu führen, hat neben den bisher beschriebenen Wirkungen des Abhyangas eine noch stärker harmonisierende Wirkung auf den Fluss unserer inneren Intelligenz.

Die Durchführung

Erst die häufige Wiederholung des Abhyangas sorgt für eine dauerhafte Verbesserung von Gesundheit und Wohlbefinden, daher ist es sinnvoll, sich jeden Tag mit Öl einzureiben.

Im Folgenden lernen Sie einige praktische Tipps kennen, die Zeit bei der Vorbereitung und Durchführung sparen, ohne den Erfolg zu schmälern. Und auch die Behandlung eines Partners kommt nicht zu kurz.

Die innere Intelligenz fließen lassen

TIPP

Jeder Körperteil hat seine Besonderheiten und sollte besonders behandelt werden, um ins Gleichgewicht zu kommen. Da alle Streichbewegungen des Abhyangas in Übereinstimmung mit dem Fluss unserer inneren Intelligenz erfolgen, stellen sich die natürlich fließenden Bewegungen schon nach wenigen Malen wie von selbst ein.

Für alle Typen und Situationen gilt: Hören Sie auf Ihre innere Intelligenz. Sie sollten sich nach jedem Abhyanga rundherum wohl fühlen. Passen Sie den Druck, die Menge des Öls, die Art der Bewegungen und die Raumtemperatur Ihrem ganz persönlichen Empfinden an.

Der Vata-, Pitta- und Kapha-Abhyanga

Bitte beachten Sie auch: Die Verteilung der Doshas kann sich durchaus von einem Tag auf den anderen ändern – beispielsweise durch lange Autofahrten, schweres Essen, spätes Aufbleiben oder einen Wetterumschwung. Ändern Sie daher die Durchführung Ihres Abhyangas diesen Schwankungen entsprechend, indem Sie immer das bevorzugen, was Ihnen gerade besonders angenehm ist. In der folgenden Übersicht finden Sie die Besonderheiten für die verschiedenen Dosha-Typen zur optimalen Ausführung des Abhyangas.

	Vata	Pitta	Kapha
Ölsorte	reines, gereiftes Sesamöl; evtl. Mandelöl	gereiftes Sesamöl; evtl. Kokosöl	reines, gereiftes Sesamöl
Öltemperatur	sehr warm	mäßig warm	sehr warm
Raumtemperatur	mollig warm	angenehm	warm
Ölmenge	reichlich, es darf „glitschen“	mittlere Menge	mäßig
Streichbewegung	sehr ruhig, langsam, liebevoll, fließend, ohne Absetzen der Hände	zügig, in mittlerem Tempo, ohne Absetzen der Hände	schnell, aber gleichmäßig, ohne Absetzen der Hände
Händedruck	sanft, gering	mittlerer Händedruck	fest, kräftig, aber angenehm

Vorbereitungen

1. Erhitzen Sie das bereits gereifte Sesamöl für den Abhyanga auf etwa 40 Grad Celsius, entweder mit der Glasflasche im Wasserbad oder direkt in einem kleinen Topf auf dem Herd. Ganz einfach und zeitsparend erwärmen Sie das Abhyanga-Öl, wenn Sie die kleine Ölflasche direkt in ein etwas größeres Gefäß stellen, das Sie mit heißem Leitungswasser füllen. Das so erwärmte Öl können Sie bei der Behandlung direkt von der Flasche auf die Haut auftragen. So lässt sich am besten vermeiden, dass Öl beim Einreiben danebentropft.
2. Sorgen Sie dafür, dass das Zimmer, in dem Sie den Abhyanga durchführen, mindestens so warm ist, dass Sie nicht frieren. Für Menschen mit einer Dominanz von Vata oder Kapha darf es auch gern noch etwas wärmer sein. Bei Vata führt die Wärme zu der nötigen Entspannung, bei Kapha zur gewünschten Aktivierung des Stoffwechsels.
   Selbst diese kleine Empfehlung hat für alle Dosha-Zustände eine tiefere Bedeutung: Wenn wir frieren, ist die Hautdurchblutung vermindert, sodass sich Toxine schwerer aus den Zellen und Geweben lösen und auch schlechter abtransportiert werden. Je wärmer die Umgebungstemperatur ist, desto wirkungsvoller ist die Anregung des gesamten Organismus und damit auch die Ausschwemmung der durch das Kräuteröl gelösten Ablagerungen.
3. Legen Sie sich während des Abhyangas ein Badelaken unter die Füße – es wärmt und schützt die Umgebung vor Spritzern.
4. Es empfiehlt sich zusätzlich, ölfeste Badelatschen anzuziehen, denn im Gegensatz zu einem Frotteetuch saugen sie das Öl nicht auf, sodass es länger in die Füße einziehen kann. Außerdem hinterlassen Sie damit keine Ölspuren, falls Sie während des Abhyangas einmal den Platz verlassen müssen.
5. Wollen Sie sich bei der Behandlung entspannt hinsetzen, so halten Sie ein weiteres Handtuch bereit, um den Stuhl oder Badewannenrand damit abzudecken, damit Sie nicht frieren.
6. Wollen Sie in der Zeit, in der das Öl nach dem eigentlichen Abhyanga einziehen soll, herumlaufen, so empfiehlt es sich, sich ein großes Badetuch umzuschlingen, das Sie an einer Stelle feststecken. Denn es lässt sich mit weit weniger Aufwand waschen als ein Bademantel.

Gut zu wissen

Die Eigenbehandlung

TIPP

Behandeln Sie immer mit streichenden und kreisenden Bewegungen und richten Sie sich dabei nach Ihrem persönlichen Empfinden.

Behandeln Sie den ganzen Körper frühmorgens, direkt nach der Entleerung von Blase und Darm, mit warmem Öl. Dies nimmt Ihnen die leichte Benommenheit nach dem Aufwachen und bereitet Sie optimal auf den Tag vor.

Am besten ölen Sie sich zuerst von oben nach unten ganz und gar ein und führen im Anschluss daran die eigentlichen Streichbewegungen durch. Auf diese Weise kann das Kräuteröl schon überall einziehen, während Sie den Abhyanga durchführen. Sie können die Behandlung teilweise stehend und teilweise im Sitzen durchführen. Die Hauptsache dabei ist, dass Sie eine für Sie bequeme und entspannte Haltung einnehmen.

- Gerade Körperpartien wie Ober- und Unterarme, Ober- und Unterschenkel sowie den Rücken können Sie mit großen auf- und abführenden Längsstrichen behandeln.
- Den Gelenken schenken Sie durch kreisende Bewegungen mehr Aufmerksamkeit.
- Wenn es möglich ist – beispielsweise an Beinen, Rumpf und Kopf –, bewegen Sie beide Hände an einander entsprechenden Körperpartien seitengleich.
- Streichen Sie grundsätzlich über alle Körperteile, indem Sie so weit wie möglich die ganze Hand auflegen mit Ballen, Handfläche und Fingern.
- Setzen sie beim Wechsel der Bewegungen und Strichrichtungen so wenig wie möglich ab. Wenn Sie doch absetzen müssen, achten Sie auf weiche, fließende Übergänge.
- Wenn Sie über den Gelenken kreisen, sollten Sie dies von allen Seiten tun, um wirklich alle Hautbereiche gleichmäßig zu verwöhnen.

Führen Sie alle Bewegungen zwei- oder dreimal durch. Streichen Sie also mehrmals nacheinander an ein und demselben Körperbereich auf und ab oder kreisen Sie mehrmals hintereinander. Versuchen Sie dabei möglichst, die gleiche Anzahl von Auf- und Abbewegungen während des gesamten Abhyangas beizubehalten. Wenn es Ihnen an-

genehmer ist, können Sie auch alle Handbewegungen einmal von Kopf bis Fuß durchführen und dann ein zweites Mal von vorn beginnen.

Ist die Zeit sehr knapp, so können Sie insgesamt nur einmal durchgehen und/oder über die Gelenke nur gerade hinüberstreichen; wollen Sie sich hingegen ganz ausgiebig verwöhnen, so wiederholen Sie die Streichbewegungen und das Kreisen vielleicht auch fünf- oder sechsmal.

Die einzelnen Abhyanga-Phasen

An den langen Röhrenknochen streichen Sie mit aufeinander folgenden Längsstrichen auf und ab, während Ihre Hände um die Gelenke kreisen. Je nachdem, welchen Körperteil Sie beim Abhyanga behandeln, können Sie darüber hinaus noch zusätzliche Akzente setzen – indem Sie beispielsweise Ihre Bewegungen verfeinern oder besonderen Partien mehr Aufmerksamkeit schenken – und damit die Wirkung des Einölens auf Muskulatur, Knochen und innere Organe noch weiter intensivieren.

Kopf, Ohren und Gesicht

Beim Einölen des Kopfes bedenken Sie bitte, dass die Kopfhaut behandelt und entspannt werden soll – nicht Ihre Haare. Tauchen Sie daher Ihre Fingerspitzen in das angewärmte Öl und fahren Sie unter den Haaren hindurch sanft auf der Kopfhaut entlang. Wiederholen Sie diesen Vorgang so oft wie nötig, bis die gesamte Kopfhaut von einem Ölfilm überzogen ist. Sie können auch die Handflächen und Fingerinnenseiten reichlich mit Öl bestreichen und dann unter den Haaren entlangführen. Auf diese Weise verspritzen Sie kaum Öl und erreichen eine gleichmäßige Benetzung des Kopfes.

TIPP

Im Gesicht ist die Haut besonders fein und zart – die meisten Menschen empfinden es als angenehm, hier nur mit der Hautschuppung bzw. mit der Wuchsrichtung der Barthaare zu behandeln. Achten Sie gerade hierbei auf Ihr ganz individuelles Gefühl.

Das Ölen von Kopfhaut und Ohren gilt als besonders förderlich, um eine vegetative Entspannung zu erreichen und die Müdigkeit des Schlafes zu vertreiben. Behandeln Sie daher Ihre Kopfhaut an allen Stellen mit liebevoller Aufmerksamkeit und verwöhnen Sie auch die

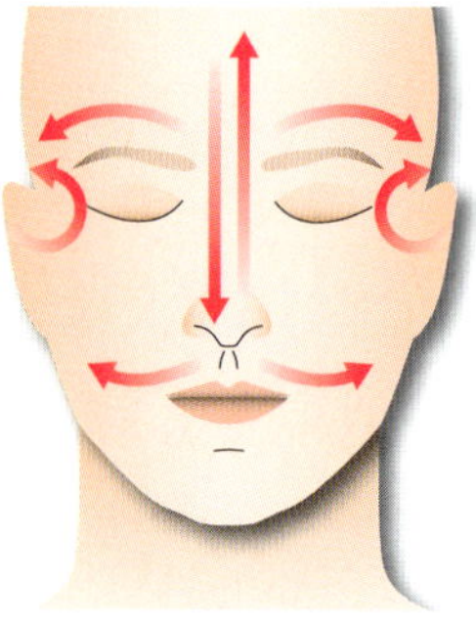

Mögliche Strichrichtungen der Hände im Gesicht.

Ohren, die zahlreiche Reflexpunkte für die inneren Organe aufweisen, von innen und außen.

Kreisen oder streichen Sie mit den Fingerspitzen parallel zur Hautoberfläche. Legen Sie immer mehrere Fingerkuppen nebeneinander oder behandeln Sie mit dem Handballen, wo es einfacher und leichter geht.

Spüren Sie auch im Gesicht, welche Bereiche besondere Beachtung brauchen. Wenn Sie mögen, können Sie auch über dem Kiefergelenk kreisen.

Hals

Am Hals können Sie an allen Seiten auf- und abstreichen. Passen Sie den Druck dabei Ihrem individuellen Empfinden an. Bei vielen Menschen ist der Nacken etwas verspannt, sodass Ihnen dort ein etwas festerer Druck angenehm sein mag. Umgekehrt achten Sie darauf, den Bereich des Kehlkopfs besonders sanft zu behandeln.

Arme

Behandeln Sie jeden Arm einzeln von oben nach unten. Über Schultergelenk, Ellenbogen und Handgelenk können Sie kreisen, Ober- und Unterarme mit langen Vor- und Rückwärtsbewegungen bedecken. Frauen beginnen mit dem linken Arm, Männer mit dem rechten.

Hände

Es ist angenehm, auf dem Handrücken und den Handflächen zu kreisen. Wenn Sie mögen, führen Sie zusätzlich Längsstriche durch. Die Finger behandeln Sie am besten ebenfalls mit Längsstrichen – oder Sie umschließen jeden einzelnen Finger mit den Fingern der aktiven Hand, während Sie an ihm auf- und abstreichen. Auch Bewegungen von innen und außen, wie Sie sie beim gründlichen Händewaschen vollführen, erfüllen den gleichen Zweck. Achten Sie bei diesem sensiblen Bereich auf Ihr persönliches Empfinden.

Brust und Bauch

Den Brustkorb können Sie mit gleichmäßigen Bewegungen nach und nach ganz abdecken. Fahren Sie über ihn hin und her oder kreisen Sie, wenn es Ihrem natürlichen Empfinden entgegenkommt.

Den Bauch sollten Sie in jedem Fall mit großen Kreisen im Uhrzeigersinn, dem Verlauf des Dickdarms folgend, behandeln. Kreisen Sie dabei von rechts unten nach links oben, schließen Sie dann den Kreis und wiederholen Sie auch diese Bewegung mehrmals. Auf diese Weise unterstützen Sie die natürlichen Darmbewegungen.

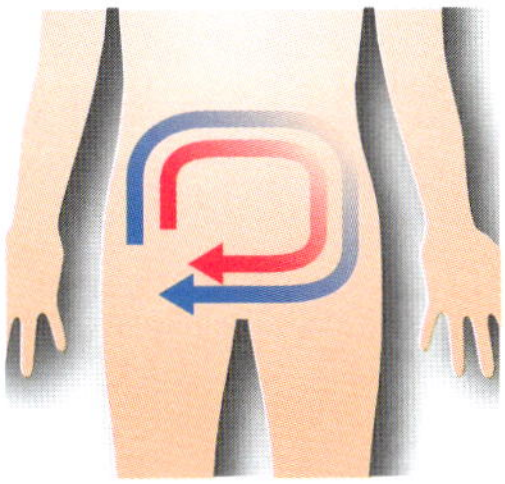

Die Steichbewegungen am Bauch folgen dem Verlauf des Dickdarms.

TIPP

Wenn Sie den oberen Rücken behandeln, führen Sie die ersten Vor- und Rückwärtsstriche durch. Danach können Sie mit der freien Hand den Ellenbogen der behandelnden Hand weiter nach hinten drücken – so kommen Sie mehrere Zentimeter tiefer und können auch allein fast alle Stellen am Rücken erreichen.

Rücken

Am besten kann man den Rücken mit Längsstrichen behandeln – bei der Eigenbehandlung sind andere Bewegungen meist unbequem und führen daher nicht zu der angestrebten und heilsamen Entspannung.

Es wird häufig als angenehm empfunden, die Lendenwirbelsäule mit kleinen Kreisen zu behandeln und das Gesäß mit großen, kreisenden Bewegungen.

Beine

Die Beine können Sie wieder seitengleich mit beiden Händen parallel behandeln. Beginnen Sie mit den Hüftgelenken. Schenken Sie ihnen, den Knien und Fußgelenken gern mehr Aufmerksamkeit. Sie können über den Knien von allen Seiten kreisen oder behandeln, sodass die gesamte Hautoberfläche aktiviert wird und das Öl tief ins Gelenk einziehen kann.

Ober- und Unterschenkel verwöhnen Sie am besten mit Auf- und Abstrichen. Gönnen Sie sich gerade am Oberschenkel überall ausgiebige Hin- und Herbewegungen, sodass auch hier alle Hautbereiche genügend „Streicheleinheiten" erhalten.

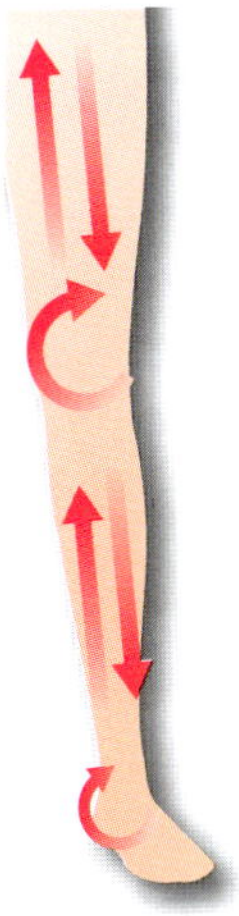

Die Strichrichtungen an den Beinen.

Füße

TIPP

Achten Sie grundsätzlich auf ruhige, fließende Bewegungen. Je öfter Sie den Abhyanga durchführen, desto sicherer werden Sie sich mit den einzelnen Bewegungen fühlen, desto spontaner werden Sie sich im Einklang mit Ihrer eigenen Natur behandeln und sich immer natürlicher den eventuellen Schwankungen Ihrer Verfassung anpassen.

Die Füße tragen die Last des gesamten Körpers. Sie sollten sie daher ganz besonders ausführlich verwöhnen (siehe auch S. 115, 126).

Denken Sie auch hier an die Grundregel, niemals mit spitzen Fingern in die Hautoberfläche einzudringen, sondern mit flachen, streichenden Bewegungen möglichst einen flächigen Hautbereich sehr gleichmäßig zu behandeln – egal, ob Sie kreisen oder Längsstriche anwenden. Vergessen Sie auch die Zehen und die Zehenzwischenräume nicht – denn die Füße sind reich an empfindsamen Regionen, deren Behandlung die gesamten Körperorgane beleben können. Umgekehrt könnte eine zu intensive Aktivierung jedoch zu unerwünschten Reaktionen führen.

Um noch vertrauter mit dem richtigen Fluss der Bewegungen zu werden, können Sie sich auch einmal einen Abhyanga in einem Maharishi-Ayurveda-Gesundheitszentrum gönnen. Bei einer persönlichen Konsultation kann Ihnen ein Ayurveda-Arzt zusätzlich besondere Empfehlungen geben, die auf Ihre ganz persönliche Konstitution abgestimmt sind.

Gut zu wissen

Die Behandlungsdauer

Als Zeitrahmen für die eigentliche Ölbehandlung werden in der Regel 5 bis 10 Minuten täglich empfohlen. Aus der modernen Medizin weiß man, dass auf die Haut aufgebrachte Substanzen die Oberhaut nur mit geringer Geschwindigkeit durchdringen. Haben sie die Unterhaut jedoch erreicht, so gelangen sie relativ rasch durch die lebenden Zellschichten in die Blutbahn.

Schon seit alters her geht der Ayurveda davon aus, dass das Öl erst nach 2 bis 3 Minuten in die tieferen Hautschichten wandert und sie nach etwa 10 Minuten erreicht hat. Dann beginnt es, fettlösliche Stoffwechselschlacken zu binden. Optimal ist es, wenn Sie es danach mindestens 10 Minuten auf der Haut lassen, sodass die gebundenen fettlöslichen Toxine in Richtung Blut abtransportiert werden oder wieder an die Hautoberfläche zurückkommen können. Während das Öl einzieht, können Sie beispielsweise die Zähne putzen und heißes Wasser aufsetzen – wenn nötig, streifen Sie die Hände an einem Papiertuch ab, um kleine Verrichtungen durchführen zu können. Anschließend können Sie das Öl mit einem warmen Wannen- oder Duschbad abspülen.

Ölen in Schwangerschaft, Wochenbett und Stillzeit

Während der gesamten Zeit der Schwangerschaft sollten Sie Ihren Körper mit Heilkräuteröl verwöhnen. Salben Sie sich während dieser Zeit jedoch nur, damit die Haut geschmeidig bleibt und die Wirkungen des Öls Sie beruhigen – die Streichbewegungen des Abhyangas dürfen Sie in dieser Zeit jedoch nicht durchführen. So vermeiden Sie, dass sich abgelagerte Stoffwechselrückstände aus Ihrem Gewebe lösen und über den Weg des mütterlichen Blutkreislaufs das Ungeborene erreichen.

Nach der Entbindung wird ein schonender Abhyanga sehr empfohlen: Die Schwächung der jungen Mutter durch die Geburt lässt sich durch die sanften Ölbehandlungen deutlich reduzieren. Gerade in den ersten sechs Wochen nach der Entbindung gönnen Sie sich, wenn möglich, im Anschluss an den Abhyanga eine ausgiebige Nachruhe im warmen Bett oder entspannen sich mit einem warmen Bad. Dies dient nicht nur der schnelleren körperlichen Erholung – mit Abhyanga verwöhnte Mütter sind erfahrungsgemäß auch in der ersten anstrengenden Zeit mit dem Baby emotional viel stabiler, was auch die Milchbildung positiv beeinflusst.

INFO

Wenn es irgend möglich ist, sollten Sie die tägliche, sanfte Ölbehandlung während der gesamten Stillzeit beibehalten. So beugen Sie Erschöpfungszuständen und seelischer Unausgewogenheit vor – ein Plus für Sie selbst, Ihr Baby und Ihre ganze Familie!

Die Partnerbehandlung

Fast alle Menschen können sich noch intensiver entspannen und ganz loslassen, wenn die Streichbewegungen von einer anderen Person ausgeführt werden. Dabei empfiehlt es sich, dass Frauen immer Frauen und Männer jeweils Männer behandeln. Warum?

Abhyanga soll auf der körperlichen Ebene zu einer Entspannung und zur Entschlackung des Organismus führen. Auf der geistigen Ebene laufen aber nicht minder vielfältige Heilreaktionen ab. Ziel ist es, jeden Menschen mit seiner eigenen, inneren Natur ganz ins Gleichgewicht zu bringen und seine positiven Eigenheiten zu verstärken. Der Ayurveda geht davon aus, dass auch durch Berührungen feine Energien zwischen zwei Menschen ausgetauscht werden. Daher

INFO

Die klassische Form, sich von anderen durch einen Abhyanga verwöhnen zu lassen, ist die Ölanwendung durch zwei oder vier Behandler (siehe S. 147): Sie hat weit umfassendere Wirkungen auf den Körper und das Bewusstsein.

sieht man es als günstig an, wenn die ähnlich gelagerten Energien von Frauen das feine Gefüge einer Frau ausgleichen, während Männer wiederum Männer in ihrem typischen Feingefüge stärken.

Denn der Abhyanga wird grundsätzlich als eine beruhigende, entspannende Behandlung verstanden – ohne eine erregende Wirkung erzeugen zu wollen. Dem scheint zunächst zu widersprechen, dass er in den klassischen Texten als Vorbereitung für die Zeugung empfohlen wird. Der Sachverhalt wird allerdings klarer, wenn man weiß, dass sich Mann und Frau vor der Vereinigung jeder für sich behandeln und erst danach zusammenkommen.

Gut zu wissen

Was Sie beachten sollten

- Um eine andere Person mit einem Abhyanga zu verwöhnen, sollten Sie ebenfalls auf eine ausreichend warme Raumtemperatur achten. Sie können auch nötigenfalls eine Wärmflasche unter die Fußsohlen des Behandelten legen oder die gerade nicht behandelten Körperteile mit einem Handtuch bedecken.
- Führen Sie dieselben Bewegungen und Streichungen wie bei der Eigenbehandlung durch.
- Kopf, Schulter und Nacken können Sie behandeln, während der Behandelte bequem sitzt. Danach kann er sich auf ein großes Frotteetuch legen.
- In der Rückenlage behandeln Sie die Beugeseiten der Arme und die Hände sowie den Brust- und Bauchbereich. Achten Sie darauf, dass Sie über dem Darmbereich der Strichrichtung im Uhrzeigersinn folgen (siehe S. 103). Wenn es Ihnen leicht fällt, können Sie Rumpf und Bauch mit parallelen Handbewegungen behandeln, d. h. die rechte Hand führt die gleiche Bewegung auf der einen Körperhälfte durch wie die linke auf der anderen.
- In der Bauchlage können Sie Nacken, Schultern, die Streckseiten der Oberarme, die Ellenbogen sowie die Streckseiten der Unterarme behandeln und auch noch einmal die Hände.
- Bei der Behandlung des Rückens führen Sie die Handbewegungen am besten parallel zueinander aus.
- Dann behandeln Sie die Rückseiten der Beine. Beginnen Sie mit dem Hüftgelenk; dann folgen Oberschenkel, Knie, Unterschenkel und noch einmal die Füße.
- Danach können Sie den Behandelten in ein warmes Tuch oder Laken einschlagen und mit einer Wolldecke zudecken. Lassen Sie ihn anschließend 10 bis 20 Minuten ruhen – das intensiviert die entspannende Wirkung und aktiviert die Selbstheilungskräfte.

Abhyanga für Babys und Kleinkinder

Der Abhyanga ist eine wundervolle Gelegenheit, Ihrem Baby liebevolle Aufmerksamkeit zu schenken. Während der Ölbehandlung können Sie auch sanft mit Ihrem Baby sprechen. Die Säuglings- und Kinderhaut nimmt noch alles auf, ebenso wie auch der kleine Geist für alle Impulse ganz besonders durchlässig ist.

Gut zu wissen

Baby- und Kleinkinder-Abhyanga

- verbessert die Durchblutung von Haut und Muskeln
- beugt Blähungen und Koliken vor, indem er das Verdauungsfeuer stärkt
- verhindert die Bildung und Ablagerung von Stoffwechseltoxinen und damit die Entstehung von Allergien
- stärkt die Abwehrlage und schützt vor Infektionen
- nährt Haut und stärkt Muskeln und Gewebe
- verbessert den Muskeltonus
- löst Muskelverspannungen aus vorgeburtlicher Zeit
- entspannt die durch Krabbeln und Laufenlernen angestrengte Muskulatur
- lässt Babys besser durchschlafen und wirkt beruhigend
- lässt die Liebe zwischen Eltern und Baby wachsen.

Durchführung

Die Bewegungen des Abhyangas sollen sehr sanft, langsam und liebevoll durchgeführt werden. Erinnern Sie sich: Schnelle Bewegungen erhöhen Vata, langsame und sanfte hingegen Kapha und fördern dadurch ein gesundes, schnelles Wachstum! Um sich noch sicherer zu fühlen, können Sie sich auch den Baby-Abhyanga von einem ausgebildeten Therapeuten zeigen lassen.

Wo es sinnvoll und machbar ist, sollten Sie mit beiden Händen die jeweils entsprechenden Körperhälften des Babys streichen. Bei den Vor- und Rückwärtsstrichen bewegen Sie die Hände parallel, ebenso bei den kreisenden Bewegungen.

TIPP

Führen Sie alle Bewegungen mehrmals nacheinander aus und richten Sie sich danach, was Ihr Baby und Sie selbst als angenehm und richtig empfinden.

Die kreisenden Bewegungen über den Gelenken können Sie von der Oberseite und von der Unterseite des Gelenks aus durchführen; bei größeren Kleinkindern auch von mehreren Seiten. Verwöhnen Sie Ihr Neugeborenes auch mit dem Handballen, soweit dies bei dem winzigen Körper möglich ist. Behandeln Sie nicht mit spitzen Fingern. So verteilt sich der leichte Druck Ihrer Hände großflächiger und gleichmäßiger.

Sie können Ihr Baby zuerst in der Rückenlage und dann in der Bauchlage behandeln. Auf diese Weise erreichen Sie alle Hautbereiche, auch wenn Ihr Kind noch nicht ganz sicher sitzen kann. Legen Sie es zwischendurch abwechselnd auf die rechte und linke Seite, denn nicht selten genießt es auch in dieser Position den Baby-Abhyanga und räkelt sich wohlig. Bei kleinen Mädchen behandeln Sie den linken Arm und das linke Bein zuerst, bei kleinen Jungen den rechten Arm und das rechte Bein.

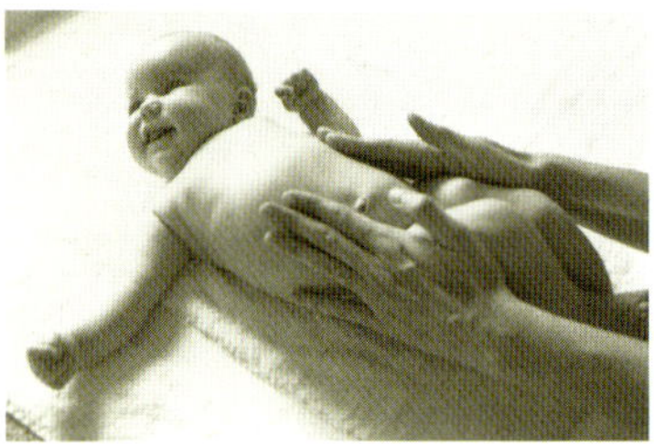

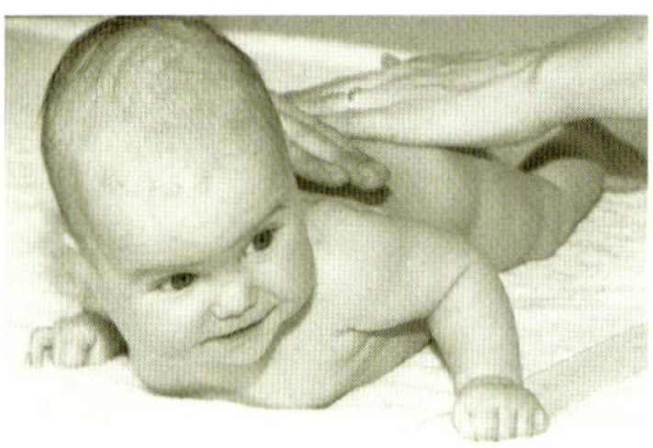

Auch die Kleinsten genießen den Abhyanga.

Entspannte, zufriedene Kinder

Eine zärtliche Ölbehandlung schafft eine sehr intime, innige Verbindung zwischen dem Baby und Mutter oder Vater oder einer anderen Bezugsperson. Je mehr Sie sich auf das Kind einstimmen, desto genauer werden Sie fühlen, was ihm gefällt und bei welcher der Streichungen es sich besonders gut entspannen kann.

Ruhige Bewegungen schwingen Ihr Baby in einen langsameren Rhythmus ein, was die Reizüberflutung schon kleiner Kinder ausgleichen hilft und sie tagsüber ruhiger werden lässt. Der Baby-Abhyanga ist im Übrigen auch eine wunderbare Ein- und Durchschlafhilfe für Babys und Kleinkinder.

Verwöhnen Sie Ihr Kind in den ersten Lebensjahren so oft wie möglich mit einem Abhyanga – etwa ab dem fünften Lebensjahr können die Kinder ihre Ölbehandlung zunehmend selbstständig durchführen. Ihr Kind wird es Ihnen mit Fröhlichkeit, Ausgeglichenheit und einer außergewöhnlich guten Gesundheit danken.

Betthupferl

Es empfiehlt sich, morgens regelmäßig einen ausführlichen Abhyanga mit anschließendem warmem Wannenbad zu verabreichen. Bis Ihre Kinder sicher durchschlafen, können Sie direkt vor dem Zubettgehen einen weiteren Abhyanga mit gerade so viel Öl durchführen, dass es über Nacht auf der Haut des Babys belassen werden kann.

Das abschließende Bad

Nachdem das Heilkräuteröl eingezogen ist, können Sie noch vorhandene Ölrückstände mit einem Papiertuch vom Körper abnehmen oder direkt duschen oder baden. Dies dient jedoch nicht nur dazu, große oder kleine Körper von überschüssigem Öl zu reinigen, sondern spült auch die auf die Hautoberfläche zurückgewanderten Stoffwechselabbauprodukte weg.

Für das tägliche Bad oder Duschbad wird zwar eher kühles Wasser empfohlen; Sie sollten die Wassertemperatur dennoch nach Ihrem persönlichen Empfinden wählen. Der leicht nervöse, fröstelnde Vata-Typ, Kinder und ältere Menschen werden sicherlich etwas wärmere Temperaturen bevorzugen, während es für die hitzigen, ungeduldigen Pitta-Menschen gern kühl sein kann.

Bewahren Sie beim Duschen unbedingt einen kühlen Kopf und waschen Sie ihn nur mit lauwarmem Wasser: Heißes Wasser auf den Kopf fördert vorzeitigen Haarausfall und kann den Geist dumpf und schläfrig machen. Auch die Haut sollte nicht zu lange und zu oft heißem Wasser ausgesetzt werden, da sie sonst austrocknen könnte.

Von Wechselduschen raten Ayurveda-Ärzte generell ab. Denn der unvermittelte Wechsel von warm zu kalt erzeugt Vata-Störungen: Wechselduschen „härten ab" – sie machen also nicht nur unseren Körper steifer, sondern verhärten auch unsere Gefühle. Was durch Wechselduschen gefördert werden soll, bietet uns bereits der Abhyanga: Er belebt den Körper am frühen Morgen, aktiviert ihn und regt ihn zur Ausscheidung von Schadstoffen an. Insgesamt ist die Wirkung jedoch viel schonender und umfassender und macht uns als Vorbereitung auf den Tag in jeder Beziehung sanft und geschmeidig.

INFO

Während und nach Entschlackungskuren sollten Sie grundsätzlich immer warm baden, da die Wärme Kreislauf und Durchblutung und damit den Abtransport von Stoffwechselrückständen aktiviert.

आयुर्वेद

„Ein Bad wirkt reinigend und belebend, es schenkt Anziehungskraft, Lebenslust und Vitalität. Es entfernt Müdigkeit, Schweiß und Hautabsonderungen. Es erzeugt Kraft und Stärke im Körper und ist ein gutes Mittel, Widerstandsfähigkeit und Strahlkraft (Ojas) zu vermehren." (Charaka-Samhita, Sutrasthanam V, 94)

Gut zu wissen

Ganztägige Wirkung

Ein kleiner Rest Öl verbleibt auch nach dem Bad in den Hautporen und auf der Hautoberfläche. Er sorgt dafür, dass die Vata-reduzierende, entspannende Wirkung des Abhyangas den ganzen Tag über erhalten bleibt und die Haut durch die speziellen Eigenschaften des Heilkräuteröls geschützt wird.

Regeneration am Wochenende

Einmal in der Woche ist ein warmes Wannenbad im Anschluss an den Abhyanga ein ganz besonderer Genuss. Wählen Sie die Temperatur wiederum nach Ihrem Empfinden. Sie sollte jedoch nur leicht über 38 Grad liegen. Zu heißes Badewasser kann im Extremfall zu einem Kreislaufkollaps führen – haben Sie die Badetemperatur richtig gewählt, so bleibt das Herz hingegen ruhig, und Sie fühlen sich anschließend gleichermaßen entspannt und belebt.

Durch die anschließende Nachruhe im Bett können Sie Ihren Abhyanga vervollkommnen. Durch die dort entstehende Wärme und ein sanftes Nachschwitzen wird ein weiteres Mal der Stoffwechsel aktiviert, sodass die mit dem Abhyanga gelösten Unreinheiten aus den Zellen noch schneller zu Darm und Nieren abtransportiert werden können.

TIPP

Hitzeempfindliche Menschen können vor einem warmen Bad etwas kaltes Wasser auf den Kopf geben oder ein kleines, feuchtkaltes Handtuch um den Hals legen.

Körperpflege im Einklang mit den drei Doshas

Klares Wasser reicht normalerweise aus, um überschüssiges Öl zu entfernen. Bei starker Körperbehaarung ist teilweise auch Seife nötig, für die Haare brauchen Sie auf jeden Fall ein Haarwaschmittel, wenn Sie das Fett entfernen wollen.

Denken Sie auch bei Seife und Haarwaschmittel daran, dass alle darin enthaltenen Substanzen von Ihrer durch den Abhyanga durchlässiger gewordenen Haut aufgenommen werden. Billige Shampoos enthalten in der Regel eine Vielzahl verschiedener Chemikalien, die durch die Kopfhaut und über die Blutbahn Ihr Gehirn erreichen.

TIPP

Achten Sie auch bei Seife und Haarwaschmittel darauf, dass sie zu Ihrem Konstitutionstyp und Ihrer Hautbeschaffenheit passen. So können Sie auch bei der täglichen Körperpflege quasi nebenbei die Doshas ausgleichen.

Seife

Seifen sollen die Haut säubern, ohne den intakten Säureschutzmantel der Haut zu stören oder die Haut auszutrocknen. Im Ayurveda verwendet man daher gern Seifen auf pflanzlicher Glycerinbasis.

Natürlich mischt man im Ayurveda auch gern Heilkräuter bei, die die individuelle Beschaffenheit der Haut von ihren Doshas her ausgleichen (siehe Bezugsquellennachweis im Anhang). Denn die Vata-Haut ist eher rau und trocken und die Pitta-Haut besonders empfindlich – sie neigt zu Rötungen und Hautunreinheiten –, während die Kapha-Haut sich durch eine deutliche Fettproduktion der Talgdrüsen auszeichnet.

Glycerinseifen gibt es übrigens in jeder Drogerie – achten Sie beim Kauf jedoch darauf, dass sie ohne Konservierungs- oder Aromastoffe hergestellt wurden, damit Ihre Haut nur mit natürlichen Substanzen in Berührung kommt.

Bei Seifen auf Glycerinbasis bleibt der Säureschutzmantel der Haut intakt.

Shampoo

Nach jedem Abhyanga müssen Sie Ihr Haar waschen, wenn Sie das Öl entfernen wollen. Am besten geben Sie das Shampoo direkt in das geölte Haar und verreiben es überall auf dem Kopf zu einer cremigen Masse. Auf diese Weise wird das Abhyanga-Öl gebunden, sodass Sie es anschließend einfach und leicht mit lauwarmem Wasser ausspülen können.

Bei feinem, dünnem Haar reicht meist einmaliges Einseifen, wenn Sie sich an obige Empfehlung halten. Stärkeres Haar müssen Sie in der Regel zweimal nacheinander einseifen und ausspülen, damit es nach dem Trocknen duftig und locker wird. Sind die Haare danach trotzdem noch fettig, so versuchen Sie es mit einem anderen guten Shampoo – die meisten Haarwaschmittel entfernen das Öl mühelos. Selbstverständlich können Sie auch ein Shampoo nach Ihrem ayurvedischen Haut- und Haartyp auswählen.

- Trockenes Haar und trockene Kopfhaut mit einer Tendenz zu gespaltenen Haarspitzen sowie krauses oder dunkles Haar sind Ausdruck des Vata-Dosha.
- Feines und dünnes Haar mit einer Tendenz zu Haarausfall, frühzeitigem Ergrauen oder frühzeitiger Glatzenbildung ist typisch für Menschen mit einer Pitta-Dominanz.
- Dickes, starkes, welliges und eher fettiges Haar zeigt eine Kapha-Dominanz an, ebenso wie große, weißliche Schuppen.

INFO

Würden Sie zuerst Wasser auf den Kopf und dann das Haarwaschmittel dazugeben, so stieße das Wasser zum einen das Öl ab und verdünnte zum zweiten das Shampoo. Sie müssten den Vorgang eventuell mehrmals wiederholen, um die Haare gründlich von Ölrückständen zu befreien.

Gut zu wissen

Handelsübliches Kräutershampoo

Ayurvedische Shampoos können durch eine Vielzahl verschiedener Kräuter, die von indischen Vaidyas für die typischen Besonderheiten des Vata-, Pitta- oder Kapha-Haares ausgewählt wurden, leichte Störungen von Haarboden und Haarwachstum ausgleichen, während sie gleichzeitig frühzeitigem Ergrauen und Haarausfall vorbeugen. Auch hierzulande sind bewährte Haarwaschmittel erhältlich, die mit natürlichen Kräuterzusätzen auf die Besonderheiten der verschiedenen Haartypen abgestimmt sind.

TIPP

Lassen Sie Ihre Haare so oft wie möglich an der Luft trocknen. Die Hitze des Föns vermehrt Pitta und fördert frühzeitigen Haarausfall.

Achten Sie darauf, dass Sie den Kopf auch nach dem Haarewaschen noch eine Weile warm halten. Wenn die Kopfhaut zu plötzlich erkaltet, ziehen sich nämlich die feinen Hautporen, in denen die Haare heranwachsen, sowie die kleinen Muskeln, die die Haare aufrichten, zusammen. Dies könnte dazu führen, dass sich die Poren schließen, bevor das Abhyanga-Öl in tiefere Hautschichten gelangen kann. In seltenen Fällen – bei sehr feinem Haar und kaltem Klima etwa – kann dies dazu führen, dass die Haarwurzeln nicht richtig arbeiten und das nachwachsende Haar weniger kräftig wird.

Wenn Sie sehr feines Haar haben, sollten Sie – vor allem in unseren kalten Breitengraden – einmal wöchentlich die Kopfhaut mit dem Saft einer ganzen Zitrone gründlich und schonend einreiben, um Ihre Haare zu stärken. Selbst wenn Sie das anschließende Waschen mit Shampoo unterlassen, befreit diese Prozedur die Haarwurzeln gründlich von Ölrückständen, sodass sie wieder richtig atmen und arbeiten können, nimmt aber nicht den schützenden Ölfilm von der Kopfhaut.

Gut zu wissen

Zitronen-Haarfestiger

Zitronensaft ist übrigens ein guter, natürlicher Haarfestiger. Füllen Sie dazu in eine Sprayflasche einen Teil Wasser und einen Teil Zitronensaft, der durch ein Tuch gefiltert wurde, und sprühen Sie den Festiger aus etwa 30 Zentimeter Abstand auf die Frisur.

Tipp für Frauen

Wenn das tägliche Haarewaschen beim regelmäßigen Abhyanga für Sie ein Problem darstellt, da Sie Ihr Haar zu Locken einlegen, dann fragen Sie Ihren Friseur oder experimentieren selbst ein wenig. Häufig lassen sich fast identische oder praktischere Frisuren mit einfacheren Mitteln zaubern als im Salon.

Manche Frauen mit einer fülligen Haarpracht helfen sich auch, indem sie nur die Fingerkuppen mit Öl benetzen, es vorsichtig unter den Haaren hindurch auf die Kopfhaut streichen und anschließend sehr behutsam behandeln. Man kann auch ein paar Tropfen Öl mit einer Pipette direkt auf die Kopfmitte aufbringen und vorsichtig hinunterlaufen lassen, sodass die Frisur nicht zerstört wird. Dies ist sicher nicht optimal, aber vielleicht eher machbar, als jedesmal die gesamte Kopfhaut zu ölen und täglich eine aufwändige Frisur neu zu gestalten.

Unkomplizierte Frisuren erleichtern den Abhyanga.

Gut zu wissen

Abwasser und Ablauf schützen

Um sich den Umgang mit Öl im Badezimmer zu erleichtern, sollten Sie folgende Anregungen beherzigen:
Legen Sie ein zusätzliches Haarsieb (aus dem Haushaltswarengeschäft) über den Ausguss von Dusche oder Badewanne. Wischen Sie es jedesmal mit einem Papiertuch aus, wenn Öl und Wasser hindurchgelaufen sind. Haare und der größte Teil des eventuellen Ölrückstandes gelangen so erst gar nicht in den Abfluss.
Wenn das Bade- oder Duschwasser aus der Wanne gelaufen ist, spülen Sie mithilfe des Duschkopfes mit festem Strahl heißes Wasser hinterher, dem Sie etwas Geschirrspülmittel zusetzen.

Öl entfernen leicht gemacht

Normalerweise sind Sie nach dem Duschen so sauber, dass kein Ölfilm auf Handtüchern oder Kleidung zurückbleibt. Damit Sie trotzdem für alle Fälle gewappnet sind, hier ein paar Tipps, wie sich Abhyanga-Öl problemlos entfernen lässt:

- Wenn Sie das Öl noch länger auf der Haut behalten möchten, ziehen Sie nach Möglichkeit kochfeste Baumwolltextilien über. Empfehlenswert ist ein spezieller Jogging- oder Schlafanzug oder

ein Bademantel zu diesem Zweck. Wählen Sie auch für Babys zum Durchschlafen nach dem abendlichen Abhyanga einen Baumwollschlafanzug.

- Kleine Ölrückstände lösen sich von selbst in der Kochwäsche. Sollte anfänglich einmal etwas Öl in Ihrer Wäsche zurückgeblieben sein, so können Sie vor dem Waschvorgang in der Maschine mit Geschirrspülmittel vorbehandeln – in der Regel erspart dies ein Waschmittel mit Fettlöser.
- Reicht auch das noch nicht (beispielsweise beim Baumwollmützchen, das Sie Ihrem Baby nach dem abendlichen Abhyanga täglich anziehen), so weichen Sie die betroffenen Wäschestücke in Geschirrspülmittel ein (die wesentlich weniger aggressiv als das spezielle Fettlöserspray sind) und geben sie dann in die Wäsche.
- Ölrückstände lassen sich in jedem Fall durch chemische Reinigung entfernen.

Gut zu wissen

Achtung

Wäschestücke, die nach dem Waschen noch Reste von Öl enthalten, sollten besser nicht im Wäschetrockner getrocknet werden. Pflanzenöle sind leicht brennbar!

Abhyanga für Eilige

Bei Zeitmangel können Sie auch eine Kurzform des Abhyangas durchführen. Ayurveda-Ärzte empfehlen, dabei die Kopfhaut, die Ohren und die Füße gründlich zu behandeln. So macht allein schon das Ölen der Kopfhaut wach; es belebt und beruhigt gleichermaßen.

Die positiven und umfassenden Wirkungen der Kopfbehandlung werden in der *Charaka-Samhita* folgendermaßen beschrieben: *„Jemand, der regelmäßig Öl auf seinen Kopf aufträgt, leidet nicht unter Kopfschmerzen, Kahlköpfigkeit, Ergrauen der Haare oder Haarausfall. Es stärkt insbesondere Kopfhaut und Schädelknochen. Sein Haar bleibt schwarz [auf unsere Breitengrade übertragen heißt dies, dass er seine natürliche Haar-*

TIPP

Beobachten Sie einmal selbst, wie sich bereits beim Auftragen des Öls auf die Kopfhaut der ganze Körper zu entspannen beginnt.

farbe behält], lang und fest verwurzelt. Seine Sinnesorgane arbeiten richtig, die Gesichtshaut wird strahlender. Die Anwendung von Öl auf den Kopf schenkt tiefen Schlaf und Glücklichsein." (Sutrasthanam V, 81-83)

Ohren und Füße sind voll sensibler Nervenendigungen. Über Nervenverbindungen werden durch die streichenden Bewegungen nachhaltig alle Organe und das gesamte Nervensystem belebt. Auch zu den positiven Wirkungen der Fußbehandlung äußert sich *Charaka*: *„Durch das Einreiben von Öl auf die Füße werden Rauigkeit, Trockenheit, Müdigkeit und Dumpfheit in kürzester Zeit behoben. Die Füße werden zart, stark und fest. Die Sehkraft wird klar und Vata beruhigt sich im ganzen Körper. Wird die Ölbehandlung an den Füßen angewendet, schützt dies sicher vor Ischias (Hexenschuss), Knacken der Fußgelenke sowie Versteifung von Fesseln und Fußsehnen." (Sutrasthanam V, 90-92)*

INFO

Die Behandlung der Ohren beseitigt die letzten Reste von Dumpfheit und Müdigkeit, die häufig nach dem Aufwachen noch vorhanden sind, der Geist wird frisch und klar.

Wenn die Außentemperaturen sehr hoch sind – etwa wenn Sie den Sommer in sehr heißem Klima verbringen –, reicht der Kurz-Abhyanga als regelmäßiger Bestandteil der Morgenhygiene aus. Da der Stoffwechsel durch die Umgebungstemperatur bereits angeregt ist, werden Toxine allein dadurch schon abgebaut, sodass eine zusätzliche Anregung nicht nötig ist. Schwitzen Sie tagsüber stark, so können Sie statt des erhitzenden Sesamöls Olivenöl oder das kühlende Kokosöl verwenden. Wird es dann kälter, so kehren Sie wieder zum Ganzkörper-Abhyanga mit Sesamöl zurück.

Tipp für ganz Eilige

Wenn für den Abhyanga gar keine Zeit bleibt, dann tragen Sie einfach *vor* dem Duschen einen dünnen Film Öl auf die Haut auf. Es nach dem Duschbad anstelle von Körperlotion zu verwenden, ist nicht sinnvoll, da das in den Hautporen und an der Hautoberfläche verbliebene Duschwasser das Öl abstößt. So findet sich das Öl anschließend nicht in Ihren Hautzellen wieder, sondern innen auf Ihrer Kleidung.
Selbst wenn Sie das Abhyanga-Öl kurz nach dem Auftragen wieder abspülen, kann es noch eine positive Wirkung entfalten. Auf diese Weise baut es zwar kaum Toxine ab, beruhigt jedoch tagsüber ein wenig, verjüngt die Haut und gleicht Ihr individuelles Dosha etwas aus. Besser als nichts ist es allemal.

Gut zu wissen

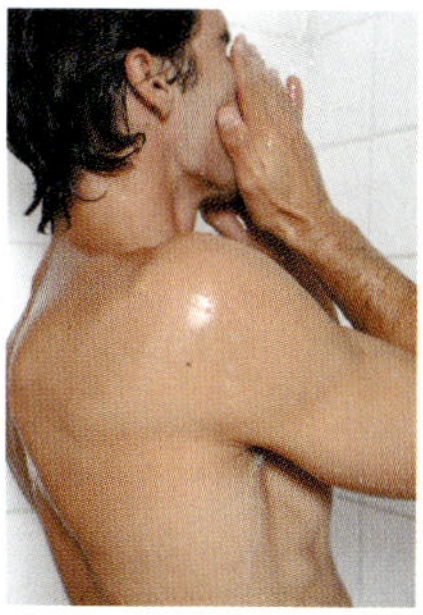

Öl vor dem Duschen auftragen.

Rubbeln macht munter

Wenn Kapha sehr stark angeregt ist, Sie sich also dumpf und träge fühlen, können Sie eine trockene Reibebehandlung durchführen, das *Garshan*. Dabei führen Sie die Streichbewegungen mit einem rohseidenen Handschuh aus, ohne jedoch Öl aufzutragen.

Die Durchführung

Behandeln Sie Kopf und Rumpf ebenso wie bei der Eigenbehandlung angegeben (siehe S. 100ff.). Umgekehrt gehen Sie jedoch bei den Armen vor – und zwar von den Fingern aus bis zum Schultergelenk – sowie bei den Beinen – nämlich von den Zehen aus zum Hüftgelenk. Durch die Behandlung vom Extremitätenende auf den Rumpf zu wird bei den Vorwärts- und Rückwärtsstreichbewegungen der Aufwärtsstrich automatisch betont und die kapha-reduzierende Wirkung verstärkt.

Da das Gleitmittel Öl fehlt, wirken die Handbewegungen belebender, was durch die Beschaffenheit der etwas kratzigen Rohseide unterstützt wird. Zum einen hat Seide eine ähnliche Eiweißzusammensetzung wie die menschliche Haut – mit dem Erfolg, dass sich die Haut selbst nach dem aufrauenden Garshan noch samtweich anfühlt. Zum anderen kratzt sie die Haut nicht so sehr auf wie Sisal oder Luffa, sodass trotz der gewünschten Stoffwechselanregung Vata nicht aus dem Gleichgewicht kommt.

Diese Trockenanwendung ist empfehlenswert bei ausgeprägter Kapha-Dominanz, bei massivem Übergewicht, bei Orangenhaut und allen starken Anzeichen für eine Überschwemmung des Organismus mit Stoffwechseltoxinen.

Sie können das Garshan auch nur gelegentlich anwenden, wenn Sie sich am Morgen sehr dumpf und verschlackt fühlen. In diesem Fall lassen sich die beiden Behandlungstechniken auch sehr gut kombinieren: Wecken Sie sich selbst mit der trockenen Behandlung gründlich auf und schließen Sie noch einen kurzen Öl-Abhyanga zur Beruhigung an. Auf jeden Fall sollten Sie das Garshan einige Male ausprobieren, um ein Gefühl für seine Wirkungsweise zu bekommen.

INFO

Bei großen Kapha-Problemen sollten Sie einen Ayurveda-Arzt konsultieren. Er kann Ihnen geeignete Ratschläge geben und zusätzliche Heilkräuterpräparate, Ernährungsrichtlinien oder andere unterstützende Maßnahmen empfehlen.

TIPP

Empfehlenswert ist es auch, nach dem Garshan noch einen kurzen Abhyanga mit wenig Öl durchzuführen, wie es im letzten Kapitel beschrieben wurde (siehe S. 91, 98). Richten Sie sich dabei nach Ihrem individuellen Bedürfnis.

Handschuhe selbst gemacht

Gut zu wissen

- Besorgen Sie sich etwa 40 Zentimeter naturbelassene Roh- oder Bourettseide sowie 10 Zentimeter Gummilitze.
- Für das Schnittmuster legen Sie die Hände mit leicht gespreizten Fingern auf ein Blatt Papier. Umfahren Sie die Außenkontur Ihrer Hände wie für einen Fäustling (ohne einzelne Finger, jedoch mit Daumen) im Abstand von 2 Zentimetern mit einem Stift (Linie A); beim Zusammennähen kommt auf diese Linie später Ihre Naht. Dann zeichnen Sie parallel dazu einen zweiten Umriss, indem Sie noch etwa 0,5 Zentimeter Stoffzugabe hinzuschlagen (Linie B). Skizzieren Sie die Fäustlinge ab dem Handgelenk mit einem 10 Zentimeter langen Bündchen und schneiden Sie von jedem Schnittmuster zwei identische Teile aus.
- Nähen Sie über die ganze Breite der späteren inneren Handschuhseite quer über dem Handgelenk das Gummiband ein, sodass der Stoff sich dort stark kräuselt.
- Nun legen Sie die passenden Teile jeweils mit den Stoffinnenseiten übereinander und nähen sie entlang der Linie A zusammen. Vor dem Umketteln können Sie am Übergang vom Daumen zur ganzen Hand (Punkt C) zwei oder drei senkrecht zur Naht verlaufende Einschnitte vornehmen, die 2 Millimeter vor Ihrer Naht enden. Beim Ketteln fixieren Sie diese Einschnitte mit. So ist der Daumenübergang glatt, wenn Sie den Handschuh später umkrempeln.

Ist Ihnen das Nähen zu umständlich, so gibt es auch fertige Seidenhandschuhe im Versandhandel zu bestellen.

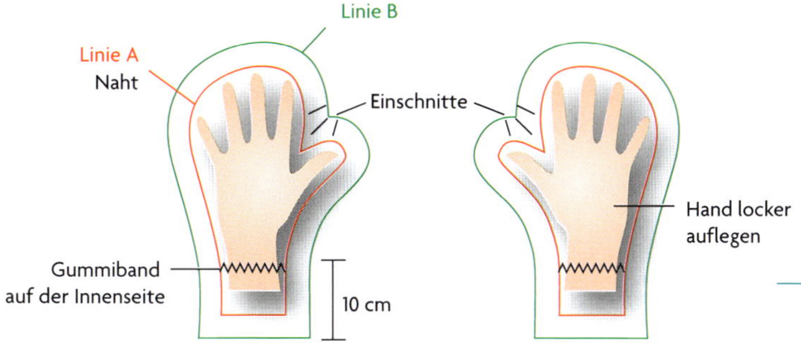

Schnittmuster für Handschuhe zur Garshan-Behandlung

Anzeigen und Gegenanzeigen

Zu bestimmten Zeiten, unter bestimmten Umständen und bei einigen akuten Beschwerden können sich die positiven Auswirkungen des Abhyangas nicht entfalten. Bei chronischen, immer wiederkehrenden Beschwerden empfiehlt es sich jedoch, noch intensiver zu behandeln.

Der richtige Zeitpunkt

Ein täglich durchgeführter Ganzkörper-Abhyanga ist eine Wohltat für Leib und Seele. Er verbessert die individuelle Gesundheit und die Ausstrahlung der Haut und steigert die Lebensfreude.

Es gibt jedoch Zeiten, zu denen sich die positiven Auswirkungen des Abhyangas nicht entfalten können. So sollten Sie sich nicht direkt im Anschluss an eine Mahlzeit einölen, um die Verdauungsarbeit des Magen-Darm-Trakts nicht zu stören. Umgekehrt ist der Zellstoffwechsel nach Sonnenuntergang weniger aktiv, sodass der Körper die durch den Abhyanga gelösten Rückstände nicht mehr so gut abtransportieren kann. Auch bei akuten Krankheiten ringt der Körper schon mit der aktuellen Situation und kann keine zusätzlichen Energien für die Entgiftung aufbringen.

Bei chronischen, immer wiederkehrenden Beschwerden ist es jedoch sinnvoll, die betroffenen Bereiche intensiver zu behandeln und in ihren Entgiftungsfunktionen zu unterstützen, um die verlorene Gesundheit wiederzuerlangen.

Den Abhyanga können Sie das ganze Jahr hindurch tagsüber durchführen. Dennoch ist der Zeitpunkt hierfür nicht willkürlich wählbar: Einige Regeln sollten Sie schon beachten.

Wann der Abhyanga nicht empfohlen wird

Wie alle Maßnahmen, die dazu angetan sind, körperliche Störungen auszugleichen, kennt auch der Abhyanga bestimmte Umstände, unter denen Sie mit der Behandlung aussetzen sollten. Dazu gehören gewisse Tageszeiten ebenso wie körperliche Dispositionen.

Nicht vor oder nach dem Essen

Eine halbe Stunde vor und eine bis eineinhalb Stunden nach einer Mahlzeit sollten Sie sich nicht behandeln, und zwar aus einem einfachen Grund: Durch die Streichbewegungen wird der Stoffwechsel in der Haut und in der daruntergelegenen Muskulatur angeregt, was also die Durchblutung in den Außenbereichen des Körpers verstärkt. Im Gegensatz dazu wird das Blut um die Essenszeit herum jedoch hauptsächlich im Magen-Darm-Bereich benötigt. Ein Abhyanga innerhalb dieses Zeitraums stört daher die natürliche Verdauungstätigkeit, wodurch vermehrt Toxine entstehen könnten.

Nicht während der Regel

Die Zeit der Menstruation wird als ein Reinigungsvorgang des weiblichen Körpers angesehen, der durch einen Abhyanga nicht gestört werden sollte.

Während der ersten drei Tage der Menstruation ist nach Auffassung des Ayurveda das Vata erhöht und der Grundumsatz des Körpers verringert. Die Abbauprodukte, die durch die Ölanwendung gelockert werden, können daher nicht gut weiterverarbeitet werden.

Wenn die Blutung länger als drei Tage dauert, kann die Ölbehandlung ab dem vierten Tag wieder vorsichtig begonnen werden.

TIPP

Wenn Sie den Abhyanga während der Menstruation durchführen, könnten Sie sich im Anschluss daran unter Umständen matt und dumpf fühlen.

Nicht bei Erkältungen

Normalerweise verbessert der regelmäßig durchgeführte Abhyanga die Immunabwehr soweit, dass Sie vor typischen Erkältungskrankheiten geschützt sind. Sollten Sie trotzdem einmal einen Schnupfen haben, so unterlassen Sie sicherheitshalber den Abhyanga für die ersten Tage und unterstützen Sie den Körper, indem Sie regelmäßig heißes Wasser trinken und sich an eine extrem leichte, vorwiegend flüssige Kost halten (siehe S. 128, 134 ff.). Die zusätzlich durch das Einölen und Streichen gelösten Toxine könnten nicht nur die Erkältung verschlimmern – auch die ohnehin bestehende Abgeschlagenheit könnten Sie stärker empfinden.

Gut zu wissen

Nicht bei Fieber

Fieber ist ein Selbstregulationsmechanismus des Körpers, mit dem er den Stoffwechsel ankurbelt, um körpereigene oder durch Viren- oder Bakterientoxine erzeugte Abbauprodukte zu verbrennen. Ein Abhyanga würde noch zusätzliche Ablagerungen aus den Zellen lösen, den Organismus damit überschwemmen und könnte die Erkrankung dadurch verschlimmern.

Nicht nach Sonnenuntergang

TIPP

Tragen Sie abends Öl auf die Fußsohlen auf und verwöhnen Sie Ihre Füße wenige Minuten mit sanften Streichbewegungen, damit die Heilkräuteressenzen gut aufgenommen werden. Eine besonders beruhigende, leicht kühlende und damit schlaffördernde Wirkung hat auch das Auftragen von Ghee, speziell hergestelltem Butterreinfett.

Nach Sonnenuntergang bereitet sich der Organismus auf die Nachtruhe vor, indem er den Stoffwechsel drosselt. Deshalb lösen sich körpereigene Abbauprodukte schlechter und werden auch langsamer abtransportiert. Ein regelmäßiger Abhyanga vor dem Schlafengehen könnte auf Dauer das Kapha-Dosha stören und zu einem dumpfen Trägheitsgefühl auch noch am nächsten Tag führen.

Abhyanga gegen akute Beschwerden

Grundsätzlich werden regelmäßige Abhyangas des gesamten Körpers empfohlen, um die ganzheitlichen Wirkungen auf das Körper-Geist-Gefüge zu unterstützen und damit Krankheiten gleichzeitig zu verhindern und zu heilen.

Kleinere, lokale Störungen bessern sich normalerweise, wenn der integrierte Zustand der verschiedenen körperlichen Funktionen regelmäßig erfahren wird und die Intelligenzimpulse den gesamten Körper wieder zunehmend ordnen können. Behandeln Sie sich daher kontinuierlich und warten Sie die Auswirkungen auf Ihren körperlichen und geistigen Gesundheitszustand ab. Sollten nach einigen Wochen trotzdem noch lokale Beschwerden bleiben oder sich vorübergehend einstellen, können Sie Ihren Körper liebevoll und einfühlend bei der Rückkehr zur Normalität unterstützen.

Gut zu wissen

Besuch beim Arzt

Es ist immer sinnvoll, einen Ayurveda-Arzt zu Rate zu ziehen, insbesondere, wenn die folgenden Hinweise Ihren Gesundheitszustand nicht ausreichend verbessern. Ihr Arzt wird zusätzliche Ratschläge erteilen oder ayurvedische Präparate verordnen, um eine Gesundheitsstörung möglichst ganzheitlich anzugehen. Gleichzeitig wird er mit Ihnen all jene Verhaltensweisen in Ihrem Leben ausfindig machen, die zu der vorhandenen Störung geführt haben, und Ihnen neue Ernährungs- und Verhaltensweisen empfehlen, die in der Zukunft heilend und vorbeugend wirken können.

Gelenkbeschwerden

Gelenkbeschwerden – gleich welcher Art – sind grundsätzlich mit der Ablagerung von Toxinen im Gelenkbereich verbunden. Bei entzündlichen Gelenkbeschwerden oder Schmerzen aufgrund von Arthrosen (Gelenkverschleiß) sind regelmäßige Ölanwendungen des betroffenen Gelenks über viele Wochen, manchmal Monate hinweg ausgesprochen sinnvoll.

Bei Schmerzen können Sie dem gereiften Sesamöl zwei bis drei Tropfen echtes Pfefferminzöl oder besser noch ayurvedisches Minzöl (Bezugsquellen im Anhang) beigeben, das wissenschaftlichen Untersuchungen zufolge genauso schmerzlindernd wirkt wie Aspirin und aufgrund seiner Schärfe schnell durch alle Hautschichten dringt. Lassen Sie das Ölgemisch jeweils eine Stunde nach dem Auftragen einziehen.

Sollten Sie nach zwei Wochen regelmäßiger Behandlung Ihres Gelenks damit keine spürbaren Fortschritte erzielen, so besorgen Sie sich ein spezielles ayurvedisches Gelenköl im Versandhandel. Diese Öle haben in einem aufwändigen Herstellungsprozess die Heilwirkungen einer Vielzahl von Kräutern aufgenommen. Die Kräuter schleusen gezielt das Ama aus dem Gelenk und nähren die nun wieder aufnahmebereiteren Zellen mit Substanzen, die Muskeln, Sehnen und Gelenkknorpel wieder aufbauen helfen.

Die Wirkung der Ölanwendung können Sie intensivieren, indem Sie anschließend ein feuchtes Tuch um das Gelenk wickeln und die Pa-

TIPP

Neben dem täglichen Ganzkörper-Abhyanga, der die gleichen Beschwerden an den anderen Gelenken verhüten hilft, behandeln Sie im Idealfall zweimal täglich den schmerzenden Gelenkbereich 5 Minuten lang besonders sanft. Die Hauptwirkung geht dabei auf das Heilöl zurück, die Handbewegungen unterstützen jedoch wirkungsvoll die Aufnahme der Heilkräuter durch die Haut.

ckung mit einer Wärmflasche warm halten. Diese uralte Anweisung des Ayurveda erklärt die moderne Medizin: Denn eine durch Schweiß oder Wasser angefeuchtete, leicht gequollene Haut ist für aufgebrachte Substanzen wesentlich durchlässiger als die trockene Hautoberfläche.

Bei starken Gelenkbeschwerden oder bei rheumatischen Gelenkerkrankungen kann ein Ayurveda-Arzt zusätzlich eine spezielle Diät und Heilkräuter zur Behandlung der Grunderkrankung verordnen oder aber auch eine maßgeschneiderte Entschlackungskur erarbeiten. Er wird Sie auch beraten, ob in Ihrem Fall trockene oder feuchte Wärmepackungen besser geeignet sind.

TIPP

Vorsicht mit Wärme bei akut entzündeten Gelenken – hier kann die Wärmeeinwirkung eventuell verschlimmern statt verbessern!

Haarausfall

Haarausfall kann viele Gründe haben – häufig muss auch der gesamte Verdauungstrakt gereinigt und aktiviert werden, um eine gesunde Haarentwicklung wieder zu ermöglichen.

Bessert sich Ihr Haarwuchs durch den regelmäßigen Abhyanga nicht in zufrieden stellendem Maße, so können Sie für die Behandlung des behaarten Kopfes auch spezielle ayurvedische Haaröle verwenden. Diese Öle eignen sich für alle drei Doshas und nähren Haarwurzeln und Kopfhaut mit ausgewählten Heilkräutern.

Für eine noch intensivere Wirkung lassen Sie das Sesamöl oder das spezielle Haaröl am besten mindestens eine Stunde einziehen. Ölen Sie die Kopfhaut und beleben Sie so den Stoffwechsel durch streichende und kreisende Bewegungen am gesamten behaarten Kopf. Dann umwickeln Sie das Haar mit einem Handtuch oder ziehen eine leichte Baumwollmütze über, damit die Haarwurzeln trotz des kühlenden Öls warm bleiben. Auch über Nacht können Sie das Öl einwirken lassen – legen Sie in diesem Fall zum Schutz ein Handtuch auf Ihr Kopfkissen.

INFO

Empfindliche Haarwurzeln können unter Umständen verstopfen; lesen Sie daher nochmals die Empfehlungen auf S. 112 nach. Bei starkem Haarausfall sollten Sie mit einem Ayurveda-Arzt sprechen. Die Wirkung des Haaröls wird verständlicherweise gesteigert, wenn die dem Körper fehlenden Stoffe auch innerlich ergänzt werden und der Stoffwechsel der Haare gezielt balanciert wird – beispielsweise durch individuell verordnete Kräuterpräparate.

Husten

Geben Sie eine Prise Salz in gereiftes Sesamöl und ölen Sie Rücken und Brustbereich damit ein. Sie können dies mehrmals täglich wiederholen. Achten Sie darauf, den Brustkorb anschließend warm zu halten. Bewährt hat sich auch eine Mischung von Sesamöl mit einigen Tropfen reinen Pfefferminzöls. Bei akuter Bronchitis hilft es, dem Sesamöl etwas Salz beizufügen; tragen Sie diese Mischung auf Brust und Rücken auf und lassen Sie sie einziehen.

Achten Sie bei akutem Husten zudem auf eine Ernährung mit fettfreier, leichter Kost ohne Fleisch, Milchprodukte und Zucker (s. S. 128).

Kopfschmerzen

Die Verbesserung der Stoffwechsellage durch den regelmäßigen Abhyanga, die Mobilisierung von Toxinen und die damit verbundene Entspannung durch das Öl baut erfahrungsgemäß ganz von selbst Kopfschmerzen ab.

Durch An- und Verspannung hervorgerufene Kopfschmerzen können durch einen sanften Kopf-Abhyanga gelindert werden. Zur Verstärkung der Wirkung können Sie mehrmals täglich einen dünnen Film eines ayurvedischen Schmerzbalsams (Bezugsquellen siehe Anhang) auf Stirn, Schläfen und Nacken auftragen und ihn sanft ins Gewebe einmassieren. Die in einem solchen Balsam enthaltenen ätherischen Öle helfen durch überschüssiges Vata bedingte Spannungsschmerzen abzubauen – übrigens auch bei Muskelschmerzen und Verstauchungen.

Fühlt sich Ihr Kopf eher dumpf, schwer und zerschlagen an, ist in leichten Fällen ein kräftiges Garshan (siehe S. 116) hilfreich. Sie können dabei mit festem, aber sanftem Druck behandeln und die Ohren besonders ausgiebig verwöhnen. Auch ein strammer Spaziergang von mindestens 30 Minuten kurbelt den Stoffwechsel an und hilft, Kapha-bedingte Kopfschmerzen zu vertreiben.

Bei chronischen Kopfschmerzen gilt: Die Entstehungsmechanismen sind komplex, daher sollte der Organismus dauerhaft umgestimmt und entlastet werden. Die Heilverfahren des Ayurveda können auch hier, selbst bei Migräne, sehr gute Erfolge verzeichnen.

TIPP

Bei ausgeprägtem Schädelbrummen versuchen Sie es besser mit einem Garshan, denn eine Ölanwendung könnte die Symptome verschlimmern. Außerdem empfiehlt es sich zusätzlich, heißes Wasser mit einer Prise Ingwerpulver zu trinken, möglichst mehrmals täglich.

Muskelschmerzen

Gereiftes Sesamöl mit einigen Tropfen Minzöl wirkt bei Muskelverhärtungen und Muskelschmerzen gleichermaßen lindernd. Am besten wenden Sie diese Mischung bei der Ganzkörperbehandlung an den schmerzhaften Bereichen an und lassen es gründlich einziehen. Bei stärkeren Beschwerden können Sie genauso behandeln wie unter Gelenkbeschwerden beschrieben (s. Seite 123). Ein zusätzliches warmes Bad im Anschluss daran erweist sich oft als hilfreich.

Raue, rissige Fersen

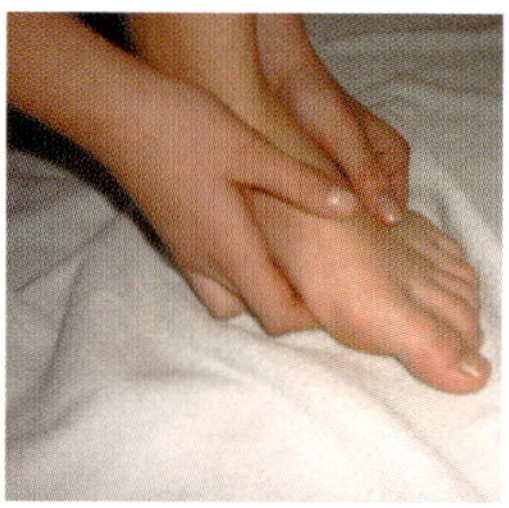

Das tägliche Abhyanga macht die Fußsohlen weich und zart.

Verwenden Sie gereiftes Sesamöl für die Füße beim täglichen Abhyanga, so werden die Fußsohlen normalerweise allein dadurch innerhalb von ein bis zwei Wochen deutlich weicher.

Sie können den Heilungsprozess jedoch mit einer Ölpackung wie folgt beschleunigen: Ölen Sie die Füße nach einem warmen Fußbad reichlich mit gereiftem Sesamöl oder reinem Aloe-vera-Öl ein und schlüpfen Sie in feuchte Baumwollsocken. Darüber ziehen Sie zum Warmhalten ein oder zwei Paar dicke Wollsocken und lassen das Öl eine Stunde einziehen.

Schlafstörungen

Häufig bessern sich Einschlafprobleme und/oder nächtliches Aufwachen mit Wachphasen ganz spontan durch den regelmäßigen Abhyanga des ganzen Körpers. Reicht die beruhigende Wirkung auf den ganzen Körper anfangs noch nicht aus, so können Sie für verschiedene zusätzliche Ölanwendungen sorgen.

1. Behandeln Sie direkt vor dem Zubettgehen die Kopfhaut mit Sesamöl und bestreichen Sie die Füße einige Minuten lang mit Sesamöl oder Ghee.
   Vor dem Fuß-Abhyanga können Sie ein warmes Fußbad nehmen. Trocknen Sie die Füße jedoch vor dem Einölen gründlich ab. Die

Was tun bei Schlafstörungen?

Gut zu wissen

Für alle Arten von Schlafstörungen gilt: Lassen Sie den Abend ganz besonders ruhig ausklingen, lassen Sie den Fernseher aus und gehen Sie so früh wie möglich zu Bett – so unterstützt Sie der Rhythmus der Natur, der ebenfalls zur Ruhe kommt, beim Ein- und Durchschlafen.
Achten Sie außerdem auf ein frühes, leichtes Abendessen. Viele Menschen schlafen schon deutlich besser, wenn sie nicht nach 18 Uhr essen und auch dann nur noch Suppe zu sich nehmen. Auch heiße Milch, gewürzt mit Muskatnuss, Ingwer, Kardamom und etwas Rohrzucker, direkt vor dem Schlafengehen kann Wunder wirken. Probieren Sie es einfach einige Tage aus.

entspannende Wirkung des warmen Wassers verbessert die Aufnahme der Heilkräuterauszüge über die Haut und fördert das Einschlafen zusätzlich.
Nach dem Ölen der Füße gehen Sie am besten mit Baumwollsöckchen ins Bett. Sie halten die Füße warm und schützen die Bettwäsche. Denken Sie auch an Handtücher auf dem Kopfkissen oder bei kühlem Schlafzimmer an eine leichte Baumwollmütze.

2. In hartnäckigen Fällen führen Sie ausnahmsweise einen Ganzkörper-Abhyanga vor dem Schlafengehen durch und lassen das Öl über Nacht einwirken. Dies hilft gut bei Ein- und Durchschlafstörungen. Vor dem Überstreifen des Schlafanzugs, der aus Baumwolle sein sollte, können Sie den Überstand mit Papier abnehmen. Duschen Sie jedoch nicht. Sie sollten diese Prozedur nur an wenigen aufeinander folgenden Abenden durchführen, sonst könnten Sie sich auf Dauer dumpf fühlen. Danach wechseln Sie lieber auf das abendliche Ölen der Kopfhaut und der Füße über. Ein zusätzliches warmes Fußbad hat übrigens ebenfalls oft schon geholfen.

3. Für eine dauerhafte Bekämpfung größerer Schlafstörungen absolvieren Sie ein Abhyanga-Programm am Spätnachmittag über mehrere Wochen. Lassen Sie das Öl am gesamten Körper gründlich einziehen, bevor Sie duschen. Sowohl das Ein- als auch das Durch-

INFO

Schlafstörungen können vielfältige Ursachen haben und entsprechend viele Therapieansätze erfordern. In hartnäckigen Fällen empfiehlt es sich, den Rat eines Ayurveda-Arztes einzuholen, damit Körper, Geist und Seele ihr Gleichgewicht und Sie Ihre Lebensfreude wiederfinden.

schlafen wird dadurch gefördert. Wenn nötig, können Sie sich zusätzlich noch die Kopf- und Fußbehandlung vor dem Schlafengehen gönnen (siehe oben). In schweren Fällen kann Ihnen auch ein ganz speziell für Ihr Schlafproblem ausgewähltes ayurvedisches Heilkräuteröl oder eine ayurvedische Nahrungsergänzung mit vielen beruhigend wirkenden Heilpflanzen helfen (siehe Bezugsquellen im Anhang).

Schnupfen

TIPP

Zur Vorbeugung von Erkältungskrankheiten können Sie jeden Morgen nach dem Zähneputzen je einen Tropfen gereiftes Sesamöl oder besser noch Nasenreflexöl in jedes Nasenloch geben.

Tragen Sie mehrmals täglich 1 oder 2 Tropfen gereiftes Sesamöl mit dem Finger auf die Nasenschleimhäute auf und wiederholen Sie dies am besten nach jedem Mal Naseputzen. Sollte die Haut unter der Nasenöffnung bereits wund sein, so lindert das ayurvedische Butterreinfett Ghee das Brennen sofort und zuverlässig. Nehmen Sie zudem fettfreie, leichte Kost ohne Fleisch, Milchprodukte und Zucker zu sich und trinken Sie viele Male täglich heißes Wasser mit $^1/_8$ bis $^1/_4$ Teelöffel Ingwerpulver darin zwischen den Mahlzeiten. Sie werden sehen: So verschwindet jede Erkältung deutlich schneller.

Noch intensiver wirkt das ayurvedische Nasenreflexöl, das in keiner Hausapotheke fehlen sollte. Tragen Sie es vorsichtig auf, ohne es hochzuziehen: Es verhält sich zwar in der Nase neutral, brennt jedoch etwas, wenn es in den Rachenraum gelangt. Benutzen Sie es bei einer Erkältung so oft, wie es Ihnen angenehm ist, und greifen Sie zwischendurch auf gereiftes Sesamöl zurück.

Ayurveda bietet viele Möglichkeiten, einen Schnupfen zu behandeln.

Abhyanga gegen chronische Krankheiten

Selbst in der Behandlung schwerer chronischer Krankheiten spielt der regelmäßige Abhyanga eine bedeutende unterstützende Rolle. Viele chronische Krankheitsbilder, die seitens der Schulmedizin behandelt, aber nicht geheilt werden können, lassen sich mithilfe von Maharishis vedischem Gesundheitsprogramm erfolgreich angehen. Asthma, chronische Bronchitis, Migräne, Depressionen, starke Schlafstörungen, chronische Leberentzündungen, multiple Sklerose, Parkinsonismus, schwere Hautkrankheiten wie Schuppenflechte und Neurodermitis und viele andere chronische Krankheiten lassen sich auf diesem Wege lindern, häufig sogar heilen. Dabei kann der regelmäßige Abhyanga als Unterstützung für die Wiedererlangung einer guten Gesundheit eingesetzt werden, muss aber durch Empfehlungen zu Diät und Lebensweise sowie durch ayurvedische Kräuterpräparate ergänzt werden, die den gesamten Stoffwechsel entgiften und umstimmen und die der Ayurveda-Arzt individuell auswählt.

Die Abhyanga-Kur

Gut zu wissen

Der Patient erhält während der Kur eine Spezialdiät für zu Hause, stellt sich auf eine geregelte Lebensweise ein und führt den Abhyanga regelmäßig mit genau auf sein Krankheitsbild abgestimmten Heilölen durch. Nach einer mehrwöchigen Vorbereitungsphase zu Hause kann das Veda-Intensivprogramm im Rahmen eines Klinikaufenthalts folgen. Ein Nachfolgeprogramm zu Hause festigt die erreichten Wirkungen. Auch hier ist der regelmäßge Abhyanga wieder ein wesentlicher Bestandteil zur Vor-und Nachbehandlung und zur Vorbeugung eines Rückfalls.

Abhyanga in vorgerücktem Alter

Erhöhte Vitalität

Durch den Abhyanga wird die innere Intelligenz belebt. Dieser Effekt hilft besonders Menschen in vorgerücktem Lebensalter, ihren Körper täglich zu erneuern und zu verjüngen. Die Ölbehandlung darf daher mit Fug und Recht auch als wirksames Anti-Aging-Mittel bezeichnet werden.

Der Abhyanga gehört zu jenen Heilmethoden, die – regelmäßig ausgeführt – dem normalen Alterungsprozess entgegenwirken können. Er erhöht die Vitalität und sorgt dafür, dass Menschen sich auch in höheren Lebensjahren schwungvoll und aktiv fühlen können.

Der Abhyanga belebt und entgiftet die Organe und gleicht das gesamte Nervensystem aus, sodass dieses bis ins hohe Alter deutlich besser arbeiten kann. Dieser Effekt hält sogar objektiver Prüfung stand.

Der Abhyanga liefert dem Körper über die Haut gereiftes Sesamöl, das Freie Radikale bindet und daher nicht nur allen Arten von Alterungserscheinungen vorbeugt, sondern sie teilweise auch wieder abbauen kann. In Gegenwart von Pflanzenölen wird Vitamin D, das Schutzvitamin vor Osteoporose (Knochenschwund) im Darmtrakt überhaupt erst aufgenommen und mit dem Blutstrom zu den Knochen geleitet. Daher schützt der regelmäßige Abhyanga vor Osteoporose, dem besonders von Frauen in und nach den Wechseljahren gefürchteten altersbedingten Abbau der Knochen.

Aber auch innerliche Ölanwendungen mit Ghee oder Pflanzenölen, wie sie in den verschiedenen Maharishi-Ayurveda-Gesundheitszentren angewandt werden, helfen zusätzlich dabei, Osteoporose zu verhindern oder zu reduzieren.

Gut zu wissen

Feldversuch mit Senioren

Ältere Personen, die zehn Tage lang mit Panchakarma-Ölanwendungen (siehe S. 139 f.) behandelt worden waren, zeigten nicht nur nach diesem Zeitraum, sondern sogar noch ein halbes Jahr im Anschluss daran eine deutliche Vitalitätssteigerung. Sie hörten messbar besser, ihre Sehfähigkeit hatte zugenommen, und ihr Blutdruck war gesunken. All diese Verbesserungen entsprachen laut Aussagen der Forscher einer biologischen Verjüngung um 4,8 Jahre.

Die Durchführung des Abhyangas sollte sich ganz besonders im höheren Lebensalter nach Ihrer Verfassung richten. Da das Vata-Dosha vom sechzigsten Lebensjahr an langsam und allmählich zunimmt, schauen Sie sich noch einmal die Empfehlungen zur Vata-Reduktion durch den Abhyanga auf S. 98 an. Seien Sie mit sich so liebevoll und rücksichtsvoll wie möglich – und behandeln Sie sich besonders schonend.

Mit zunehmendem Alter kann die Stoffwechselleistung und auch die Verdauungskraft des Magen-Darm-Trakts schwächer werden. Da dies eine der Hauptursachen für die nachlassende Spannkraft im Alter ist, wird die deutlich verjüngende Wirkung des täglichen Abhyangas allein aufgrund seines den Stoffwechsel anregenden Effekts nachvollziehbar.

Immer öfter kommen ältere, oft auch sehr alte Menschen in meine Praxis, die viele Jahre jünger aussehen, als es ihrem Lebensalter entsprechen würde, und sich auch so bewegen und fühlen. Dies haben sie zum Großteil insbesondere dem Abhyanga sowie anderen Heilverfahren des Maharishi Ayurveda zu verdanken, die sie zur Verjüngung und Vorbeugung von Alterungsprozessen und Krankheiten ins tägliche Leben übernommen haben und regelmäßig anwenden.

Anregung des Stoffwechsels

Ein kräftig arbeitender Stoffwechsel hat positive Auswirkungen auf die Lebensqualität: Ein Mensch mit einer guten Assimilations- und Stoffwechselleistung kann Nahrung gut verwerten, er bleibt kräftig, gesund und energiegeladen, schläft gut, behält ein gutes Gedächtnis und bleibt vital bis ins hohe Alter.

Durch die Heilverfahren des Ayurveda können Alterungsprozesse sichtbar und spürbar gebremst werden.

Die positiven Wirkungen des Abhyangas verstärken

Zusätzlich zum Abhyanga können weitere Maßnahmen wie Sport, Yoga, Transzendentale Meditation oder leichte Kost den Körper entlasten und auch den Geist umstimmen und regenerieren. Auch die Panchakarma-Behandlung durch zwei Therapeuten trägt zur Entgiftung des Organismus bei.

Die Selbstheilungskräfte fördern

Die positiven Wirkungen des Abhyangas können Sie deutlich steigern, wenn Sie den Körper zusätzlich durch weitere Maßnahmen entlasten. Sport, Yoga und das Trinken von heißem Wasser beleben Ihren Stoffwechsel und stärken die Selbstreinigung der Zellen. Eine leicht verdauliche Nahrung oder sanftes Fasten entlastet den Verdauungsapparat und nährt den Körper, ohne ihm unverdauliche Substanzen, die neue Ablagerungen erzeugen könnten, zuzuführen. Auch die tiefe Stille während der Transzendentalen Meditation erzeugt einen tiefen, regenerierenden Effekt auf Körper und Geist.

Die Krönung des Abhyangas ist eine Maharishi-Panchakarma-Kur, bei der der regelmäßige Abhyanga von jeweils zwei Therapeuten mit völlig synchronen Bewegungen durchgeführt wird, flankiert von weiteren Maßnahmen zur Umstimmung und Entgiftung.

INFO

Vollkommene Gesundheit, wie sie der Ayurveda definiert, ist weit mehr als die Abwesenheit von Krankheit. Vollkommene Gesundheit besteht vielmehr in andauerndem körperlichen und geistigen Glücklichsein.

Gesünder leben, gesünder sein

Nicht nur der Maharishi-Ayurveda enthält eine Vielzahl verschiedener Heilverfahren und -empfehlungen. Jeder der 40 in der vedischen Literatur beschriebenen Heilansätze leistet einen wichtigen Beitrag, um Gesundheit und Entwicklung des gesamten menschlichen Potenzials zu fördern und die körpereigenen Selbstheilungs- und Regulationsmechanismen zu beleben.

Am besten beginnen Sie so frühzeitig wie möglich, mithilfe einer gesünderen Lebensweise und speziellen Anwendungen, auf die Alterungsvorgänge innerhalb Ihres Körpers Einfluss zu nehmen – und nicht erst, wenn sich bereits erste Anzeichen von Störungen eingestellt haben.

TIPP

Im Rahmen dieses Buches können zusätzliche Heilempfehlungen aus dem vedischen Gesundheitsprogramm lediglich angedeutet werden. In speziellen Kursen und anhand einschlägiger Lektüre können Sie jedoch Ihr Wissen darüber leicht vertiefen und die positiven Auswirkungen des Abhyangas auf Ihre Gesundheit und Ihr seelisches Wohlbefinden im Alltag durch zusätzliche gesundheitsfördernde Maßnahmen weiter ausbauen.

Heißes Wasser trinken

Lassen Sie morgens 10 Minuten lang klares Wasser kochen und füllen Sie es in eine Thermoskanne ab. Davon trinken Sie tagsüber halbstündlich bis stündlich eine halbe Tasse oder ein paar Schluck. Richten

Sie sich bei der Menge nach Ihrem individuellen Durstgefühl, aber trinken Sie es häufig und so heiß, wie es Ihnen noch angenehm ist.

Das regelmäßige Trinken von heißem Wasser hilft, Toxine aus den Geweben zu schwemmen, und regt gleichzeitig die Verdauungskraft an. So erleichtern Sie es dem Organismus, die durch den Abhyanga gelösten wasserlöslichen Ablagerungen abzutransportieren. Gleichzeitig sorgen Sie dafür, dass durch die gesteigerte Stoffwechselleistung weniger neue Schlacken gebildet werden. Auf diese Weise verstärken Sie Ihr individuelles Entgiftungsprogramm: Schon nach wenigen Tagen werden Sie sich noch leichter und klarer fühlen.

Leicht verdauliche Ernährung

Ihre Ernährung sollte sich Ihrer ganz persönlichen Dosha-Konstitution und damit Ihrer individuellen Verdauungskraft anpassen. Es sollte sich dabei um eine maßgeschneiderte, leicht verdauliche Ernährung handeln, die die Schwankungen der Doshas des einzelnen Menschen, der Jahreszeiten und der Tageszeiten berücksichtigt.

Ernährungstipps

- Achten Sie beim Einkauf möglichst auf unbelastete Nahrungsmittel aus biologischem Anbau, die nicht gentechnisch verändert wurden.
- Wollen Sie Ihren Organismus entlasten, so essen Sie grundsätzlich nur dann, wenn Sie wirklich hungrig sind, und hören Sie auf, sobald sich ein Sättigungsgefühl einstellt.
- Verzichten Sie auf zusätzliche Zwischenmahlzeiten und weichen Sie beim „kleinen Hunger zwischendurch“ auf Obst oder ein Glas warme Milch aus.
- Essen Sie nach dem Abendessen nichts mehr und nehmen Sie das Abendessen so früh wie möglich ein – idealerweise nicht nach 18 Uhr.
- Meiden Sie abends außerdem Schwerverdauliches wie Käse und andere Sauermilchprodukte sowie Fleisch und Frittiertes.

Wenn Sie diese Ratschläge beherzigen, werden Sie sich nach wenigen Tagen wunderbar leicht und energiegeladen fühlen. Der allmorgendliche Abhyanga wird Ihnen dann noch mehr Frische und Spannkraft verleihen können.

Gut zu wissen

Häufig hilft gegen den kleinen Hunger auch ein Stück Obst.

INFO

Körperliche Bewegung aktiviert den Stoffwechsel, fördert die Durchblutung und entgiftet. Wissenschaftliche Studien haben gezeigt, dass sie – moderat ausgeführt – die Abwehrlage verbessert, Depressionen verringert und die Produktion vieler Hormone, die mit dem Alter sinkt, wieder ankurbelt. Subjektiv fühlen Sie sich anschließend leichter und gelöster.

Körperliche Bewegung

Leichtes, ruhiges Spazierengehen nach den Mahlzeiten fördert die Verdauung der Nahrung und ist nach dem Mittagessen ebenso wie nach dem Abendessen zu empfehlen.

Aber auch die regelmäßige, körperliche Bewegung durch stramme Spaziergänge oder sportliche Betätigung verjüngt und belebt. Dabei gilt: Je mehr Vata dominiert, desto leichter, je mehr Kapha vorherrscht, desto anstrengender darf es sein. Hören Sie auch hier auf Ihre innere Intelligenz und Ihr persönliches Feinempfinden: Sie sollten sich so fordern, dass Sie sich nach dem Sport frisch und belebt fühlen, jedoch nicht überanstrengt sind.

Yoga

Yoga

Das Wort Yoga bedeutet „Einheit" und meint damit die Integration von Körper und innerer Intelligenz, von Bewusstsein und Materie.

Die Yoga-Sutras (Verse) der vedischen Literatur beschreiben drei verschiedene Arten systematischer Übungen zur Integration von Geist und Körper: Yoga-Haltungen, Atemübungen und verschiedene aufeinander aufbauende Bewusstseinstechniken.

• Yoga-Asanas

Yoga-Asanas sind wohltuende körperliche Stellungen, die den Körper sanft dehnen und beweglich machen. Richtig durchgeführt, machen sie den Körper nach und nach so geschmeidig, dass die innere Intelligenz ungehindert durch ihn hindurchfließen kann.

Der Abhyanga macht den Körper geschmeidig, Toxine werden gelöst und der gesamte Organismus durch die Streichbewegungen belebt. Führen Sie Yoga-Asanas im Anschluss daran durch, so wird der Körper besonders biegsam. Die Yoga-Haltungen verfolgen und unterstützen letztlich das gleiche Ziel wie der Abhyanga: Körper und Geist nach und nach für die Impulse der Naturgesetze zu öffnen. Umgekehrt kann der Abbau von Blockaden im Geist-Körper-System mithilfe regelmäßiger Yoga-Asanas durch einen starken Geist und körperliche Reinigungsmaßnahmen beschleunigt werden. So ergänzen sich die einzelnen Ansätze des vedischen Gesundheitsprogramms wechselseitig.

TIPP

Ganz wichtig für ehrgeizige Europäer: Es geht bei Yoga-Übungen nicht darum, möglichst erfolgreich verdrehte Positionen einzunehmen. Denn Yoga ist kein äußerlicher Prozess. Tief drinnen in Körper und Geist laufen nämlich die eigentlichen Heilwirkungen dieser altüberlieferten Haltungen ab.

Atemübungen

Pranayama, die Atemübungen der Yoga-Sutras, unterstützen das Einfließen der feinen Lebensenergie des Atems, um das menschliche Nervensystem zu reinigen und zu beleben. Sämtliche Yoga-Asanas und Pranayama-Übungen sollten idealerweise sorgfältig erläutert und ihre Ausübung von einem erfahrenen Lehrer überprüft werden, um auch die feineren Wirkungen entfalten zu können.

Das Programm der Transzendentalen Meditation

Die wirksamste und bisher mit über 600 Untersuchungen weltweit am besten erforschte Technik der Persönlichkeitsentfaltung ist das Programm der Transzendentalen Meditation (TM) nach Maharishi Mahesh Yogi, das genau den in den Yoga-Sutras aufgeführten Richtlinien entspricht.

Gut zu wissen

Die Bewusstseinstechniken des Veda

Die klassischen Texte des Ayurveda weisen immer wieder darauf hin, dass die Erfahrung der Samhita, der ruhevollen Wachheit, den Menschen von seiner eigentlichen Basis her ordnet und heilt. Die überlieferten Bewusstseinstechniken des Veda und der vedischen Literatur sind der wirkungsvollste und schnellste Weg, im eigenen Bewusstsein die ordnenden und heilenden Kräfte der Stille zu erfahren und spontan die sich daraus entfaltenden Naturgesetze alle Ebenen des Körpers durchdringen zu lassen

Durch diese einfache, natürliche Praxis wird jeder „Patient" sein eigener Arzt: Das Einfließen von Stille ist völlig wertfrei und ordnet den Organismus so sehr, dass jede körperliche Funktion ausgeglichen wird: Atmung, Herzschlag, Stresshormone, Abwehrlage, die fein abgestimmten Regelkreise der Organtätigkeiten – jeder nur denkbare Aspekt balanciert sich ohne schädigende Nebenwirkungen aus. Viele Krankheiten lassen sich damit positiv beeinflussen und heilen, darunter Schlafstörungen, Suchterkrankungen, Asthma, Migräne und Magengeschwüre.

Gute Besserung

Aufgrund der positiven Untersuchungsergebnisse bei Bluthochdruck empfiehlt die Stiftung Warentest speziell die Transzendentale Meditation als die am besten erforschte und verlässlichste Meditationstechnik.

INFO

Eine Studie mit über 2000 Praktizierenden der TM, die über elf Jahre lief, zeigte, dass die Meditierenden je nach Krankheitsbild zwischen 52 und 87 Prozent weniger Krankenkassenkosten verursachten als Personen der Vergleichsgruppe. Die Krankenversicherungen in verschiedenen Ländern reagierten bereits darauf, indem sie Prämienrabatte für transzendental Meditierende gewährten.

Reaktionsgeschwindigkeit, Intelligenzquotient und auch Selbstbewusstsein verbessern sich durch sie ebenso wie Mitgefühl, Durchsetzungsfähigkeit und Vitalität im Alltag. Auch der Alterungsvorgang wird nachweislich verlangsamt: Meditierende sind laut wissenschaftlichen Untersuchungsergebnissen biologisch jünger als ihre nichtmeditierenden Altersgenossen. Für den Alltag bedeutet dies: Man fühlt sich nicht nur jünger, leistungsfähiger, besser gelaunt und optimistischer, sondern sieht auch so aus.

Maharishi-Gandharva-Veda

Die Rhythmen der Schöpfung und Klänge der Natur, wie sie die Rishis in ihrer geistigen Schau wahrnehmen, werden durch die Gandharva-Veden so verdeutlicht, dass sie für jedes menschliche Ohr hörbar sind. Dabei berücksichtigt diese Musik die immer wiederkehrende Periodik der Tageszeiten und balanciert Körper und Geist durch die Heilkraft der Klänge. Gandharva-Veda-Musik passt wunderbar zu einem sanften, ruhigen Abhyanga, am intensivsten sind die Wirkungen jedoch, wenn Sie sitzend mit geschlossenen Augen der Musik lauschen.

Gut zu wissen

Verzögertes Krebswachstum durch Musik

Gandharva-Veda-Musik vermag das Wachstum von Krebszellen in einer Nährlösung zu drosseln, während sich die gesunden Zellen schneller vermehren; außerdem verringert sie die Pulsfrequenz und schenkt tiefe Entspannung. Dies haben Messungen von Gehirnwellen ergeben, die man bisher nur in tiefer Meditation feststellte. Daran wird deutlich, dass Maharishi-Gandharva-Veda die positiven Wirkungen des Abhyangas auf Körper und Geist effektiv unterstützen kann.

Maharishi-Sthapatya-Veda

Darunter versteht man die vedische Architektur und Städteplanung. Unser Heim ist gewissermaßen unsere dritte Haut, die uns schützt (wenn wir unsere Kleidung als unsere zweite bezeichnen wollen). Der Schutz kann aber nur dann vollkommen sein, wenn unsere vier Wände und die Anordnung der Räume darin nach den vier Himmelsrichtungen ausgerichtet sind. Allein eine Verlegung des Haupteingangs von Süden nach Osten beispielsweise kann oft eine spürbare Steigerung von Gesundheit und Erfolg bringen.

Tatsächlich gibt es in unserem Gehirn einen inneren Kompass – das sind Gruppen von Nervenzellen, die uns die Himmelsrichtung angeben, in die wir gerade schauen; andere wiederum geben uns die Position in einem Raum an. Die vedische Architektur im Einklang mit den Naturgesetzen ist streng nach den Himmelsrichtungen ausgerichtet, weshalb auch der Sthapatya-Veda ein wichtiger Bestandteil im Gesamtspektrum das vedischen Gesundheitsansatzes ist, der Gesundheit und Wohlbefinden steigert.

INFO

Idealerweise ist unser Haus, in dem wir wohnen oder arbeiten, in der richtigen Weise in die nächstgrößere Ganzheit, unsere Umwelt, eingebettet, die wiederum von den Naturgesetzen unseres Sonnensystems regiert wird.

TIPP

Ein internationaler Konsultationsdienst von erfahrenen Maharishi-Sthapatya-Veda-Experten wurde eingerichtet, um Verbraucherfragen zur praktischen Anwendung der vedischen Architektur zu beantworten (Adresse siehe Anhang).

Totale Entschlackung und Verjüngung

In ayurvedischen Gesundheitszentren können Sie sich unter ärztlicher Leitung mit den klassischen Heilbehandlungen des Ayurveda verwöhnen lassen. So ist etwa das *Maharishi-Panchakarma*, wörtlich „fünf Handlungen" seit alters der Königsweg zur sanften und systematischen Lösung und Ausleitung von Toxinen, sodass die Intelligenz des Körpers die Feinabstimmung aller körperlichen und geistigen Funktionen ordnen kann.

Im deutschsprachigen Raum wurden mit Maharishi-Panchakarma innerhalb der letzten zehn Jahre mehr als 20 000 Patienten behandelt. Ursprünglich

Zum Panchakarma gehören auch Kopfgüsse mit Öl.

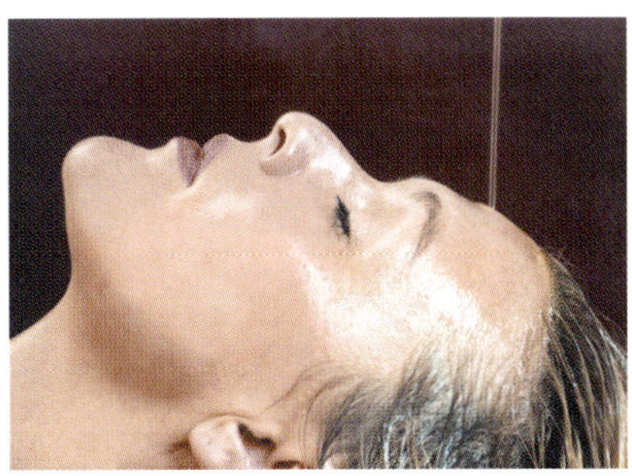

INFO

Auf den Abhyanga folgen Wärmeanwendungen wie Kräuterdampfbäder und Ölanwendungen unter fließendem Heilkräuteröl. Diese regen den Stoffwechsel an, damit die vorher gelösten Ablagerungen über Haut, Nieren und Darm besser ausgeleitet werden können. Sanfte, medizinische Ausleitungsverfahren vervollständigen die Reinigung, indem die Abfallstoffe den Organismus auch tatsächlich verlassen.

zur Vorbeugung und Verjüngung eingesetzt, stellt dieses ganzheitliche System von Heilverfahren, so die ärztliche Erfahrung, ebenso bei der Therapie vieler chronischer Krankheiten, die mit der modernen Medizin erfahrungsgemäß nur schwer behandelbar sind, eine hochwirksame Unterstützung oder Heilmöglichkeit dar. Dabei kommt dem Abhyanga und anderen Körperbehandlungen die wesentliche Aufgabe zu, festsitzende fettlösliche Stoffwechselabbauprodukte und umweltbedingte Toxine aus Zellen und Geweben zu lösen (siehe S. 42, 76).

Durch solche Reinigungs- und Verjüngungskuren mit individuell abgestimmtem Behandlungsplan wird die körpereigene Selbstheilung aktiviert und eine tiefgreifende und dauerhafte Regeneration eingeleitet. Studien zeigen, dass eine messbare Verbesserung von Blutdruck, Nahsehen und Hörfähigkeit – die eine Verjüngung der körperlichen Funktionen um 4,8 Jahre dokumentiert – bereits nach zehn Tagen Behandlungsdauer eintritt. Ein deutlicher Schutz vor Herzinfarkt und Arteriosklerose lässt sich bereits nach zehn bis 14 Tagen an gesenkten Blutfettwerten ablesen. Das Wohlbefinden der Patienten war anhand subjektiven Empfindens und psychologischer Tests noch Monate nach einer Behandlungssequenz deutlich feststellbar; ebenso ließen sich die Werte für die Reparatur der Körperzellen noch viele Monate nach Beendigung der Behandlungen im Blut messen.

Gut zu wissen

Bemerkenswerte Behandlungserfolge

Besonders gute Behandlungsergebnisse zeigt Maharishi-Panchakarma bei chronischen Kopfschmerzen und Migräne, Rheuma- und anderen Gelenkbeschwerden, bei Verdauungsproblemen jeder Art sowie bei vegetativer Erschöpfung, Angstzuständen und Schlafstörungen. Aber auch bei Bluthochdruck und anderen Herz-Kreislauf-Erkrankungen, bei Belastungen mit Umweltschadstoffen wie Amalgam und Pestiziden, bei chronischen Infekten des Nasen-Rachen-Raums, bei Asthma und allergischen Erkrankungen hat sich der Einsatz dieses ebenso schonenden wie ganzheitlichen Heilsystems bewährt.

Kollektive Gesundheit

Die Rishis verstehen den Maharishi-Ayurveda nicht nur als einen Weg für den Einzelnen zu mehr Gesundheit und für seine eigene Persönlichkeitsentwicklung. Sie wissen sehr wohl, dass ein Mensch, dessen innere Intelligenz frei im Körper fließen kann, für die Impulse der Natur empfänglicher wird. Gleichzeitig werden das Transzendieren und die Erfahrungen erweiterten Bewusstseins in der Meditation und im Alltag klarer und tiefer, wodurch das grenzenlose Feld des reinen Bewusstseins belebt wird, das auch alle anderen Menschen in seiner näheren und weiteren Umgebung durchdringt.

Erwiesene Verbesserung

Gut zu wissen

Dass dies tatsächlich so ist, haben in den letzten Jahren mehr als 40 wissenschaftliche Studien gezeigt, die feststellten, dass durch das Programm der Transzendentalen Meditation und seine Fortgeschrittenentechniken nicht nur jeder Mensch für sich profitiert, sondern gleichzeitig auch die Lebensqualität aller anderen Menschen in der näheren und weiteren Umgebung zu steigen beginnt.
Dies drückte sich in sinkenden Kriminalitätsraten, weniger Krankenhauseinlieferungen sowie gesunkenen gesellschaftlichen Spannungen aus, sofern die Anzahl der Meditierenden mindestens ein Prozent der jeweiligen Bevölkerung ausmachte.

Machen Sie sich also selbst auf den Weg, Ihrem eigenen inneren Kern mit den Methoden des vedischen Gesundheitsprogramms näher zu kommen, leisten Sie mit dem regelmäßigen Abhyanga einen kleinen, ganz persönlichen Beitrag dazu, indem Sie über Ihr erweitertes Bewusstseinsfeld auch andere Menschen dazu anregen, mehr geordnete Impulse des Bewusstseins in ihrem Leben zu entfalten.

Aus der Praxis

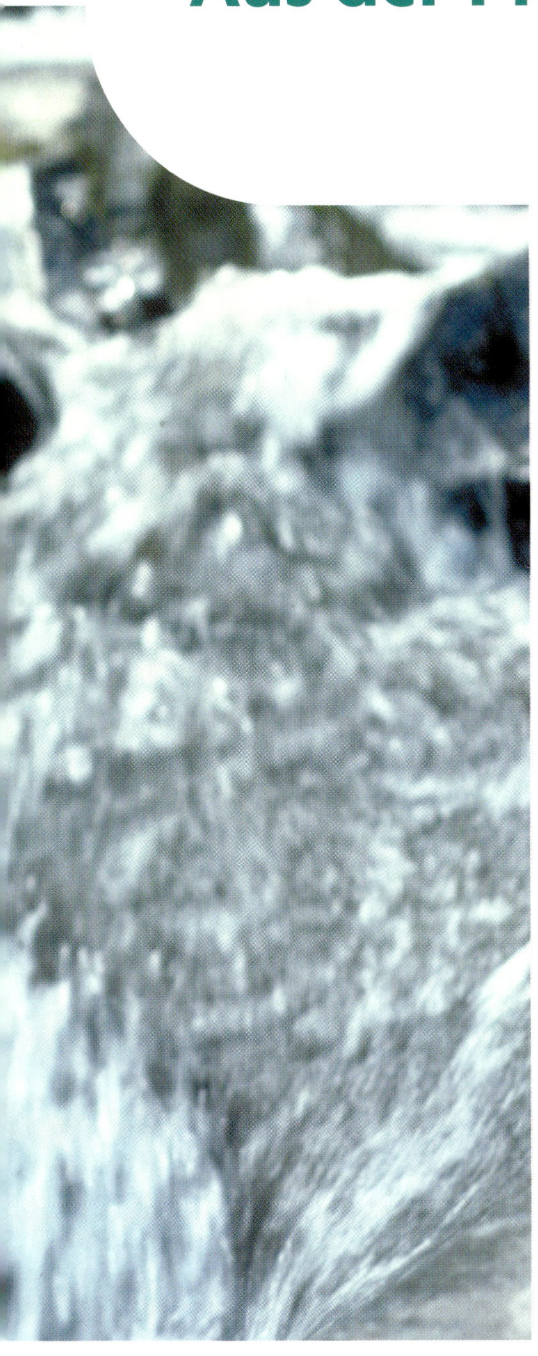

Hier finden sich Antworten auf die häufigsten Patientenfragen sowie einige typische Erfahrungen von Personen, die den Abhyanga regelmäßig durchgeführt haben. Synchronmassagen sind eine gute Möglichkeit, Körper und Geist noch schneller zu einer neuen Ordnung zu führen als die Eigenbehandlung.

In der ärztlichen Praxis stellen die Patienten naturgemäß viele Fragen zur praktischen Durchführung und den Beobachtungen, die sie mit dem Abhyanga gemacht haben. In diesem Kapitel finden Sie die Antworten auf die häufigsten dieser Fragen sowie einige typische Erfahrungen und Gesundheitsverbesserungen von Personen, die den Abhyanga regelmäßig ausgeführt haben.

Synchronmassage

Und wenn Sie sich einmal total verwöhnen lassen wollen, so können Sie die positiven Wirkungen von Synchronmassagen kennen lernen, die Körper und Geist noch schneller und tief greifender zu einer neuen Ordnung führen als der mit den beiden eigenen Händen durchgeführte Abhyanga.

Fragen und Antworten

Nach den ersten Ölbehandlungen machen Sie vielleicht Beobachtungen, die Sie nicht einordnen können. Hier finden Sie Anworten auf die Fragen, die erfahrungsgemäß am häufigsten gestellt werden.

Muss ich den Abhyanga morgens ausführen? Später am Tag hätte ich viel eher Zeit dafür.

Der morgendliche Abhyanga bereitet optimal auf den Tag vor. Natürlich können Sie trotzdem zu anderen Tageszeiten behandeln. Anwendungen, die die Stoffwechselablagerungen lösen und anregen, sollten jedoch nicht nach Sonnenuntergang erfolgen. Denn sonst können die gelösten Toxine nicht mehr abtransportiert werden und auf Dauer zu Dumpfheit führen. Ein Abhyanga am späten Nachmittag wäre daher eine gute Lösung.

Kann es sein, dass meine Haut durch das Öl austrocknet?

Ja und nein. Es kommt tatsächlich bei einigen Menschen vor, dass sich die Haut nach den ersten Abhyangas trockener anfühlt als vorher. Ayurveda-Ärzte erklären dies damit, dass das Kräuteröl Ablagerungen aus den oberen und tieferen Hautschichten löst, was sich an der Hautoberfläche rau anfühlt. Sie können Abhilfe schaffen, indem Sie

beim anschließenden Duschen das vorhandene Öl noch einmal zusammen mit dem über Sie strömenden Wasser in die Haut einreiben. So bilden Sie selbst eine Emulsion, die Ihre Haut fettet und gleichzeitig feuchtet.

Bleibt die Haut trotzdem trocken, so können Sie Ihren Abhyanga eine Zeit lang mit reinem Ghee oder einer Mischung aus Ghee und Sesamöl zu gleichen Teilen durchführen.

INFO

Bei regelmäßiger Fortsetzung des Abhyangas wird zunächst raue Haut erfahrungsgemäß wieder sanft – was anzeigt, dass Sie sehr viele belastende Stoffe ausgeschleust haben.

Ich bekomme nach dem Abhyanga kleine rote Pusteln, und meine Haut beginnt zu jucken. Was soll ich tun?

Diese Erscheinung tritt nur selten auf und zwar ausschließlich bei Menschen, die von der Konstitution viel Pitta und gleichzeitig Ama im Körper angesammelt haben. In diesem Fall sollten Sie auf ein anderes Öl ausweichen. Versuchen Sie es mit Kokosnussöl oder Olivenöl. Ideal wäre es, wenn Sie zusätzlich die zugrunde liegende Störung behandeln. Probieren Sie es mit einer Reduktionskost, trinken Sie regelmäßig heißes Wasser oder nehmen Sie von einem Ayurveda-Arzt verordnete Präparate ein, die Ihre Leber entlasten und/oder Allergieneigungen reduzieren.

Ich fühle mich nach dem Abhyanga müde und ausgelaugt. Was mache ich falsch?

In diesem Fall ist Ihr Stoffwechsel zu schwach und verdaut die gelösten Toxine nicht. Alle Maßnahmen, die Agni anregen, können hier Abhilfe schaffen: regelmäßig heißes Wasser und auch Ingwerwasser trinken, eine leichtere Ernährung, flotte Spaziergänge oder (vom Arzt verordnete) Ayurveda-Präparate, die Ihren Stoffwechsel gezielt wieder auf Trab bringen.

TIPP

Müdigkeit nach dem Abhyanga ist ein Hinweis darauf, dass Sie etwas für sich tun sollten. Vielleicht haben Sie viele Schadstoffe angesammelt, sodass Ihr Körper mit den durch die Behandlung zusätzlich gelösten Toxinen überfordert ist. Dann sollten Sie vorerst auf den Abhyanga verzichten und so lange das Garshan regelmäßig durchführen, bis Sie sich wieder fit und frisch fühlen.

Ich fühle mich wohl nach der Behandlung, habe aber den Wunsch mich hinzulegen. Was bedeutet das?

Ihr Vata ist vermutlich durch den Abhyanga besänftigt worden. Sie fühlen sich jetzt wohlig entspannt und werden sich der latenten Müdigkeit, die sich in Ihrem Organismus angesammelt hat, bewusst. Wann immer es möglich ist, sollten Sie sich nach dem Abhyanga ausruhen – so regenerieren Sie schneller.

Das tägliche Ölen ist mir nicht möglich. Hat auch ein gelegentlicher Abhyanga Sinn?

Selbstverständlich! Sie kommen auch dann in den Genuss aller positiven Auswirkungen. Die regelmäßige Durchführung hat jedoch einen besonders augenfälligen Effekt auf die Gesundheit, da viele wiederholte Impulse Körper und Geist schneller, nachhaltiger und dauerhafter transformieren können als nur gelegentliche. Aber auch jede einzelne Behandlung hat ihre positiven Auswirkungen, was Sie leicht am gewachsenen Wohlbefinden im Anschluss daran feststellen werden.

Bei mir löst sich während oder unmittelbar nach dem Abhyanga Schleim aus dem Nasen-Rachen-Raum. Oder ich huste einen kleinen Schleimpropf aus den Bronchien ab. Was geschieht da?

Dies ist ein sehr gutes Zeichen. Da sich der Stoffwechsel aufgrund der Streichbewegungen aktiviert, werden die natürlich ablaufenden Ausscheidungsfunktionen verstärkt. Auch im Schleim sind nach Auffassung des Ayurveda Toxine gelöst, die so den Körper verlassen.

Ich bin häufig überdreht und unruhig, gleichzeitig aber fühlt sich mein Körper dumpf und schwer an. Soll ich besser Vata- oder Kapha-reduzierendes Öl nehmen?

Für beide Störungen ist Sesamöl ideal, da es einerseits den Stoffwechsel auf Trab bringt, der sowohl bei Kapha- als auch bei Vata-Menschen Aktivierung braucht. Gleichzeitig wirkt es erhitzend und tut so Menschen gut, die aufgrund von erhöhtem Vata leicht frösteln und unruhig sind, ebenso aber auch der eher kühlen Kapha-Haut. Oder Sie gleichen den Körper mit dem belebenden Rubbeln des Garshan aus, bevor Sie ihn mit Öl einreiben. So balancieren Sie die vorhandenen Störungen gezielter aus.

Die simultane Behandlung

Der Abhyanga, wie er in den Maharishi-Ayurveda-Gesundheitszentren praktiziert wird, geht in seiner Wirkung noch weit über die positiven Möglichkeiten der Eigenbehandlung hinaus. Denn die Behandler sind gründlich darin geschult, ihre Streichbewegungen völlig simultan zu zweit durchzuführen, wie es in den vedischen Texten empfohlen wird.

Behandlung und Bewusstsein

Die Wirkungen auf den Menschen in seiner Ganzheit, auf seinen Körper und die ihm innewohnenden Impulse seiner inneren Intelligenz stehen in der vedischen Literatur im Vordergrund. Erst an zweiter Stelle werden die speziellen Therapien wichtig, die auf der Grundlage der verbesserten Integration von Körper und Geist ganz besonders wirkungsvoll sein können. Daher gehen die Wirkungen der simultanen Behandlungen auch viel tiefer, als es die rein mechanische und zeitliche Koordination einer synchronen Behandlung bei oberflächlicher Durchführung vermag.

Synchrone Gehirnhälften

Ein Behandler, der diese integrierte Funktion durch regelmäßig geübte Bewusstseinstechniken belebt, rutscht während der Stille der Behandlung ganz spontan in diesen ihm bereits gewohnten Entspannungszustand hinein und erfährt während seiner Tätigkeit so mehr Zufriedenheit und inneres Glück, die sich auch dem Patienten mitteilen.

Synchrone Behandlung – synchrone Gehirnwellen

Behandeln zwei Therapeuten einen Patienten mit völlig synchronen Handbewegungen, indem sie an beiden Körperseiten des Patienten entlangstreichen, so geschieht etwas ganz Besonderes. Denn jede Handbewegung auf der Haut ruft in der gegenüberliegenden Gehirnhälfte des Patienten einen Impuls hervor, und durch parallele Handbewegungen gleicht sich die Aktivität beider Hirnhälften einander an.

Dieser Effekt vervierfacht sich bei der Synchronmassage. Denn zum einen bewegt jeder Therapeut seine beiden Hände parallel zueinander, was die Funktionen seiner eigenen Gehirnhälften synchronisiert und damit einen ruhigen, geordneten Bewusstseinszustand bei

INFO

Aus der Bewusstseinsforschung ist bekannt, dass das Gehirn optimal entspannt und kreativ ist, wenn beide Gehirnhälften übereinstimmende Gehirnwellenmuster zeigen – und genau dies wird durch die Ganzkörpersynchronbehandlung unterstützt.

ihm hervorruft. Dasselbe geschieht zum anderen auch mit dem Patienten, da ihn die Behandler auf jeder Seite mit spiegelbildlichen Handbewegungen verwöhnen – dadurch ordnen sich also auch seine Gehirnwellen.

Aber dies ist noch nicht alles. Denn die Behandler untereinander schwingen sich als drittes Element in ihren simultanen Bewegungen völlig aufeinander ein, sodass sich auch ihre Gehirnfunktionen aneinander angleichen und die Harmonie untereinander zunimmt. Diese Entspanntheit ist besonders intensiv, da alle Therapeuten in den Maharishi-Ayurveda-Gesundheitszentren selbst regelmäßig die Technik der Transzendentalen Meditation ausüben und dadurch gewohnt sind, stilles Bewusstsein zu erfahren und in diese tiefe Ruhe auch tagsüber hineinzugleiten, wenn sie in Stille arbeiten.

Erfahrung höheren Bewusstseins

Der Patient wird ganz natürlich in den ganzen Vorgang eingebunden. Es ist so einfach und selbstverständlich, wie sich der Herzschlag von Mutter und Kind einander angleichen, wenn sie es liebevoll streichelt. Dies ist das eigentliche Geheimnis dieser vedischen Therapieform.

Durch die synchrone Berührung des Patienten und das Miteinander überträgt sich dieser harmonisierende Einfluss auf alle drei – die beiden Behandler und den Patienten. Die Durchführungsweise des synchronen Abhyanga ist damit so überaus intelligent, dass sich die Gehirne aller drei beteiligten Personen auf ein geordneteres Funktionsniveau begeben.

Patientenbericht

Erfahrungen während eines Abhyanga

„Bei meinem ersten Abhyanga war ich zunächst erstaunt, dass ich mich schon nach kurzer Zeit so total fallen lassen konnte. Ich hatte das Gefühl, gleichzeitig an jeder Stelle meines Körpers berührt und gestreichelt zu werden, während ich in immer tiefere Wellen der Entspannung hinabglitt. Ich habe mich selten in meinem Leben so geborgen und aufgehoben gefühlt. Dieser Eindruck war so intensiv, dass ich einmal kurz vor dem Weinen stand; so tief hat mich dieses Umsorgtsein im Innersten berührt. Der Gleichklang der beiden Behandlerinnen schien sich auf mich irgendwie zu übertragen, das warme Öl war wundervoll und der Alltag mit seinen Belastungen ziemlich weit weg. In der Ruhephase nach der Behandlung glitten meine Gedanken leicht dahin, einmal wäre ich fast eingeschlafen – im Anschluss fühlte ich mich viele Stunden wunderbar erholt und entspannt."

Jeder vedische Impuls ist wichtig

Yoga- und Atemübungen verbessern das Wohlbefinden.

Die Behandler binden den Patienten ganz spontan in ihre Fähigkeit ein, einen erweiterten Bewusstseinszustand zu erfahren. Aber auch alle anderen Einflüsse auf das Wohlbefinden der Patienten, die die vedische Literatur im Detail beschreibt, werden in den Maharishi-Ayurveda-Gesundheitszentren mit einbezogen.

Ein eingespieltes Team von Ärzten, Therapeuten und Gesundheitsberatern sorgt dafür, dass der Gast 24 Stunden am Tag ordnende Impulse für Körper und Geist empfangen kann. Häuser und Behandlungstische sind nach den Prinzipien der vedischen Architektur ausgerichtet, die Patienten können zu jeder Tageszeit die ayurvedische Musiktherapie hören und den Tagesrhythmus nach den ayurvedischen Empfehlungen in Übereinstimmung mit den Naturgesetzen einhalten. Sie können an Yoga- und Atemübungen teilnehmen sowie die Transzendentale Meditation erlernen und üben. Die Mahlzeiten werden auf die jeweilige Phase der Kur abgestimmt und zu den optimalen Tageszeiten gereicht, schöne Farben, die die Doshas ausgleichen, erfreuen das Auge. Und nicht zuletzt: Alle Mitarbeiter sind ausgeglichen und freundlich, was sich auf das Wohlbefinden des Gastes unmittelbar auswirkt.

Die Samhita, die Einheit, wird durch Maharishi-Panchakarma daher unter allen zur Verfügung stehenden Aspekten belebt. Sie drückt sich in den intelligenten Impulsen von Rishi, Devata und Chhandas aus, die wiederum das Gleichgewicht der drei Doshas Vata, Pitta und Kapha steuern und damit zur Gesundung des Menschen auf allen Ebenen seines Seins beitragen.

Glossar

Abhyanga wörtlich: „mit Öl massieren, ölen, salben". Ganzkörperölbehandlung.

Agni Feuer, Verdauungsfeuer.

Ama wörtlich: „roh, ungekocht, unverdaut". Stoffwechselrückstände, Zellgifte.

Charaka ayurvedischer Arzt, lebte vor etwa 2700 Jahren.

Chhandas wörtlich: „das Verdeckende, Objekt der Beobachtung". Die Intelligenzqualität, die der Verfestigung des Bewusstseins in der Materie am nächsten ist.

Devata Vorgang des Beobachtens, Prinzip der Transformation und Dynamik in der Schöpfung; die kreative Intelligenzqualität des Bewusstseins bzw. der Naturgesetze.

Doshas drei grundlegende Funktions- und Strukturprinzipien der inneren Intelligenz, die die Ausformung zu Materie aus dem Bereich des Bewusstseins steuern. Wenn sie aus dem Gleichgewicht geraten, rufen sie Unordnung und Krankheiten hervor.

Freie Radikale hoch aggressive Sauerstoffmolekülbruchstücke, die den Organismus schädigen und Alterungsvorgänge sowie viele Krankheitsprozesse einleiten.

Garshan belebende Trockenmassage mit rohseidenen Handschuhen.

Ghandarva-Veda die klassische Musik der vedischen Hochkultur, die vedische Kunst und Wissenschaft von der Musik, eingesetzt als Musiktherapie in Maharishis vedischem Gesundheitsprogramm.

Kapha Funktions-, Struktur- und Formgebungsaspekt der inneren Intelligenz (→ Doshas).

Maharishi wörtlich: „großer Seher“. Er kann die Texte des Veda und/oder der vedischen Literatur, die er zu schauen imstande ist, auch ins praktische Leben umsetzen und anderen Menschen zugänglich machen. Ein solcher Maharishi ist Maharishi Mahesh Yogi, der in unseren Tagen den gesamten Veda und alle 40 Bereiche der vedischen Literatur erschaute und als vedische Wissenschaft neu systematisierte.

Marmas wörtlich: „verwundbarer, sensibler Punkt“. Transformationspunkte im Körper, in denen Bewusstsein und Materie miteinander verbunden sind.

Ojas wörtlich: „Glanz, Strahlkraft, Immunität“. Die feinstmögliche Essenz der Verdauung als subtilster materieller Ausdruck des Bewusstseins im Körper.

Panchakarma wörtlich: „fünf Handlungen“. Das klassische Reinigungs- und Verjüngungsverfahren des Maharishi-Ayurveda.

Pitta Stoffwechselimpuls der körpereigenen Intelligenz (→ Doshas).

Rishi wörtlich: „Seher“. Die wahrnehmende Intelligenzqualität des Bewusstseins in der Samhita.

Samhita wörtlich: „Zusammenfügung, Ganzheit“. Der Ursprung der Schöpfung, das einheitliche Feld aller Naturgesetze.

Sthapatya-Veda vedische Wissenschaft der Architektur im Einklang mit den Naturgesetzen.

Transzendentale Meditation das Denken überschreitende, transzendierende, bewusstseinserweiternde Meditationstechnik.

Vaidya Ayurveda-Heilkundiger.

Vata Bewegungsimpuls der körpereigenen Intelligenz (→ Doshas).

Veda wörtlich: „Wissen, Wissenschaft“. Vedische Wissenschaft vom ganzheitlichen Wert der Naturgesetze, die die ganzheitliche Form und Funktionsweise des menschlichen Körpers und des gesamten Universums strukturiert und steuert.

vedische Literatur in Sanskrit verfasste Texte, die von den Rishis geschaut werden können. Sie enthalten alle spezifischen Werte der Naturgesetze, die als innere Intelligenz alle spezifischen Strukturen und Funktionen des Körpers erschaffen und erhalten.

Yoga wörtlich: „Einheit“. Die Einheit zwischen den stillen Ebenen des Bewusstseins und den täglichen Aktivitäten. Dieser erhabene Zustand wird durch die Ausübung verschiedener vedischer Methoden angestrebt.

Yoga-Asanas körperliche Haltungen, die Körper und Geist integrieren.

Zellmembran Außenwand der Körperzellen.

Adressen und Bezugsquellen

Lieferanten

von Maharishi-Ayurveda-Produkten, Lebensmitteln und Ghandarva-Veda-Musikaufnahmen

Deutschland

MTC
Postfach 11 26
D-41845 Wassenberg
Tel. 0 18 05-10 81 09
Fax 0 18 05-10 81 10
www.ayurveda-produkte.de

Österreich

MA GmbH
Biberstr. 22/2
A-1010 Wien
Tel. 00 43-1-31 27 96
Fax 00 43-1-31 52 86

Schweiz

Maharishi Ayur-Veda Products
CH-63 77 Seelisberg
Tel. 00 41-41-8 20 57 50
Fax 00 41-41-8 20 52 86

Deutsche Gesellschaft für Ayurveda

Die Adressen von Ärzten mit einer Zusatzausbildung in Maharishi-Ayurveda erhalten Sie unter folgender Adresse:

Deutsche Gesellschaft für Ayurveda
Sekretariat
Wildbadstr. 201
D-56841 Traben-Trarbach
Tel. 0 65 41-58 17
Fax 0 65 41-70 51 20
www.ayurveda.de

Maharishi-Ayurveda-Gesundheitszentren

Deutschland

Maharishi Ayur-Veda Gesundheits- und
Seminarzentrum GmbH
Staatlich anerkannte Klinik
Am Robert Kampe Sprudel
D-56130 Bad Ems
Tel. 0 26 03-94 07 0
Fax 0 26 03-31 22
www.maharishi-ayurveda.de

Maharishi Ayurveda Gesundheitszentrum
Kleinbergsbäumchen 7
D-47589 Uedem
Tel./Fax 0 28 25-93 85 30
www.maharishi-ayurveda-gesundheits-zentrum.de/niederrhein

Parkschlösschen Bad Wildstein
Wildbadstr. 201
D-56841 Traben-Trarbach
Tel. 0 65 41-70 50
Fax 0 65 41-70 51 20
www.parkschloesschen.de

Maharishi Ayur-Veda Gesundheitszentrum
Wilhelm-Busch-Str. 1
D-49661 Cloppenburg
Tel. 0 44 71-8 12 18
Fax 0 44 71-8 12 19

Maharishi Ayur-Veda Gesundheitszentrum
Gesekerstr. 8
D-59590 Mönninghausen
Tel. 0 52 54-62 43

Österreich

Maharishi Ayur-Veda GmbH
Biberstr. 22/2
A-1010 Wien
Tel. 0043-1-5 12 78 59
Fax 00 43-1-5 13 96 60

Maharishi Ayur-Veda Gesundheitszentrum
Bahnhofstr. 19
A-4910 Ried
Tel. 00 43-77 52-8 81 10
Fax 00 43-77 52-86 62 24

Schweiz

Maharishi Ayur-Veda Gesundheitszentrum
Pilgerheim
CH-6377 Seelisberg
Tetl. 00 41-41-8 20 57 50
www.mav-seelisbrg.ch

Transzendentale Meditation

Grundkurse zur Transzendentalen Meditation werden in über 100 Städten im deutschsprachigen Raum und zusätzlich in allen Maharishi-Ayurveda-Gesundheitszentren angeboten. Die genaue Anschrift des TM-Lehrinstituts in Ihrer Nähe erhalten Sie bei den folgenden Adressen.

Deutschland

Maharishi Veda GmbH
Gesellschaft für Transzendentale Meditation
Teichwiesen 33
D-49152 Bad Essen
Tel. 0 54 72-97 70
Fax 0 54 72-97 71 77
www.meditation.de

Österreich

Österreichische Gesellschaft für Maharishis Vedische Wissenschaft
Biberstr. 22
A-1010 Wien
Tel. 00 43-1-5 12 78 59

Schweiz

TM Info Service
CH-63 77 Seelisberg
Tel. 00 41-41-8 25 15 00

Maharishi-Sthapatya-Veda-Konsultationsdienst

Postbus 272
NL-6300 AG Valkenburg
Tel. 00 31-43-6 01 03 22
Fax 00 31-43-6 01 03 22

Literatur

Aron, E. und A.: Der Maharishi Effekt, München: Heyne 1991

Bauhofer, U.: Aufbruch zur Stille. Maharishi Ayur-Veda, eine leise Medizin für eine laute Zeit, Bergisch Gladbach: Lübbe o. J.

Bhishagratna, K.L.: Sushruta-Samhita (Text mit engl. Übers.), Verlag Chowkhamba Sanskrit Series Office, Varanasi, 1991

Eppley, I. K., u. a.: "The Effects of Meditation and Relaxation Techniques on Trait Anxiety. A Metaanalysis", in: Journal of Clinical Psychology 45 (1989), S. 957–974

Glaser, J. L., u. a.: "Elevated Serum Dehydroepiandosterone Sulfat Levels in Practitioners of the Transcendental Meditation and TM-Sidhi-Program", in: AGE 10 (1987), S.160

Gottwald, F.-Th./W. Howald: Selbsthilfe durch Meditation. Gesundheit und Persönlichkeitsentfaltung durch Tiefenentspannung, München: mvg 1995

Hartmann, G.: Maharishi Gandharva-Ved. Die klassische Musik der Vedischen Hochkultur, Vlodrop: M.V.U. Press 1992

Kodama, K./K. U. Karinje/Y. Hukuda: "Changes of Ingredients in the Process of Cooking Sesame Oil", in: Ancient Science of Life XI/3 & 4 (Januar–April 1992), S. 153–157

Nader, T.: Menschlicher Körper. Ausdruck der Veda und der Vedischen Literatur, Vlodrop: M.V.U. Press 1994

Orme-Johnson, D. W./J. T. Farrow, u. a. (Hrsg.): Scientific Research on The Transcendental Meditation Program: Collected Papers, Bd. 1–5, Vlodrop: MVU Press 1977–1989

Orme-Johnson, D. W.: "Medical Care Utilization and the Transcendental Meditation Program", in: Psychosomatic Medicine 49 (1987), S. 493–507

Pirc, K./W. Kempe: Kochen nach Ayurveda. Köstliche Küche für ein langes Leben, Niedernhausen: Falken 1996

Pirc, K.: Ayurveda Kursbuch für Mutter und Kind. Ganzheitliche Harmonie mit Maharishi Ayur-Veda. Grundlagen und praktische Ratschläge für Gesundheit und Erziehung, Bergisch Gladbach: Lübbe 1996

Pirc, K.: Den Alterungsprozess umkehren. Das Lebenselixier des Maharishi Ayur-Veda, Bielefeld: Kamphausen 2001

Pirc, K.: Frei von Asthma, Bergisch Gladbach: Lübbe 1999

Robert. E. Herron, John B. Fagan: Lipophil-mediated Reduction of Toxicants in Humans: an Evaluation of an Ayurvedic Detoxification Procedure. Alternative Therapies, Sept./Okt. 2002, Vol. 8, Nr. 5, S. 40–51

Schrott, E./W. Schachinger: Ayurveda bei Bluthochdruck und Gefäßkrankheiten. Die wirksamsten Heilanwendungen, München, Mosaik 1997

Schrott, E./W. Schachinger: Ayurveda bei Gelenk- und Rückenschmerzen. Die wirksamsten Heilanwendungen, München: Mosaik 1997

Schrott, E./W. Schachinger: Ayurveda bei Kopfschmerzen und Migräne. Die wirksamsten Heilanwendungen, München: Mosaik 1997

Schrott, E./W. Schachinger: Gesundheit aus dem Selbst: Transzendentale Meditation, Bielefeld: Kamphausen 1999

Schrott, E.: Die köstliche Küche des Ayurveda. Essen mit Leib und Seele, München: Mosaik 1996

Sharma, H. M., u. a.: "Effect of Different Sounds on Growth of Human Cancer Cell Lines in Vitro", in: Alternative Therapies in Clinical Practice ? (1996), S. 25–32

Sharma, H. M., u. a.: "Improvement in Cardiovascular Risk Factors Through Panchakarma Purification Procedures", in: The Journal of Research and Education in Indian Medicine 12/4 (1993), S. 3–13

Sharma, R. K./B. Dash: Charaka-Samhita, Bd. 1–3, Varanasi: Chowkhamba Sanskrit Series Office 1992

Srikantha Murthy, K. R. Varanasi: Sharngadhara-Samhita (Text mit engl. Übers.), Verlag: Chaukhamba Orientalia, Delhi 1984.

Stryker, T., u. a.: "Reduction in Biological Age through an Ayurvedic Treatment Program", 8. World Congress of the International College of Psychosomatic Medicine, Chicago, 1985

Walach, H./D. Klöpfer/M. König/E. Ludwig: Wirkung und Wirksamkeit der Massage. Literaturbericht, Expertise und Pilotstudie, Heidelberg: Haug 1995

Waldschütz, R.: „Der Einfluss des Maharishi Ayur-Veda Reinigungsprogramm auf physiologische und psychologische Gesundheit", in: Erfahrungsheilkunde – Acta Medica Empirica 11 (1988), S. 720–729

Wallace, R. K., u. a.: "The Effects of the Transcendental Meditation and TM-Sidhi-Program on the Aging Process", in: International Journal of Neuroscience 16 (1982), S. 53–58

Stichwortverzeichnis